코레일
한국철도공사

직업기초능력평가
봉투모의고사

/

정답 및 해설

박문각

제1회 직업기초능력평가

01. ④	02. ⑤	03. ②	04. ③	05. ⑤
06. ③	07. ⑤	08. ④	09. ④	10. ⑤
11. ⑤	12. ④	13. ②	14. ③	15. ②
16. ①	17. ⑤	18. ①	19. ②	20. ②
21. ④	22. ④	23. ③	24. ⑤	25. ⑤

01 ④

철도시설관리자뿐만 아니라 철도운영자 역시 철도운영이나 철도시설관리를 할 때 법령에서 정하는 바에 따라 필요한 조치를 취할 권한을 가진다.

02 ⑤

목적론에 대한 일부 현대 학자들은 목적론의 결과에 대해 언급하지 않았다. 그러므로 정답은 ⑤이다.

03 ②

〈보기〉는 아리스토텔레스의 목적론에 관한 설명이다. 아리스토텔레스는 모든 자연물에 대해 이러한 목적을 갖고 있음을 주장하였으므로 정답은 ②이다.

04 ③

아리스토텔레스는 외적 요인이 아닌 내재적 본성에 의해 자연물이 목적을 지향한다고 주장했다.

05 ⑤

① 신분증을 가지고 역 매표소를 직접 방문해 현장 결제하는 것도 가능하다.
② 캡처, 사진 승차권 등으로 열차에 탑승할 경우 부정승차에 해당한다.
③ 2024년 설 승차권 예매율이 가장 높은 노선은 전라선(62.9%)이고, 그 다음이 호남선(58.6%)이다. 경전선의 예매율은 57.4%이다.
④ 취소된 승차권은 예약 대기신청자에게 배정된다.

06 ③

암표 판매자를 특정할 수 있는 2건에 대해 회원탈회 조치하고 경찰에 수사 의뢰를 하였다고 제시돼 있다. 구매자에 대한 조치가 아니다.

07 ⑤

아인슈타인의 상대성 원리 이론은 뉴턴의 양자 역학 이론에 가려져 빛을 보지 못하다가, 에딩턴 관측대에 의해 입증된 이후로, 뉴턴의 이론보다 아인슈타인의 이론이 지구 밖 블랙홀까지 적용될 수 있다는 놀라운 사실을 발견하였다. 따라서 기존의 최고의 과학자였던 뉴턴의 이론이 아인슈타인의 등장을 계기로 뒤집어지고 과학계의 판도가 뒤바뀌었다는 내용이 제목으로 적절하다.
① 뉴턴과 아인슈타인 두 학자가 주장한 이론의 공통점은 언급되지 않았으므로 옳지 않다.
② 이 글을 뒷받침해주는 예시에 불과하다.
③ 동시대라는 단어가 적절하지 않으므로 제목이 될 수 없다.
④ 이 글에서 우주 이론의 창시자라고 언급하는 부분은 전혀 없다.

08 ④

④ 중력을 뉴턴의 이론이 아니라 아인슈타인의 견해로 간주할 때 순간적으로 똑같은 빛의 신호가 주어진다면 중력장이 없는 영역과 중력장이 있는 영역에서 빛의 경로는 서로 다르다고 설명하고 있다.
① 아인슈타인은 자신보다 먼저 나온 뉴턴의 이론을 따르지 않았다고 하였으므로 학설의 발표 시기는 뉴턴이 먼저임을 알 수 있다.
② 중력장 내에서 뉴턴은 빛의 직선 경로를 주장하였고, 아인슈타인은 빛의 휘어짐을 주장하였다.
③ 아인슈타인은 중력을 '공간과 시간의 휘어짐'이라고 정의했고, 이것이 우리 태양계에서 미미한 이유는 중력장이 약하기 때문이라고 설명하고 있다.
⑤ 블랙홀처럼 태양계 밖의 우주공간에서 아인슈타인의 이론이 아니면 해석할 수 없는 일들이 발생한다고 설명하고 있다.

NCS(National Competency Standards)

09 ④

ⓔ D노선의 조세 부담률은 국민 부담률(52%)에서 사회보장 부담률(22.9%)을 차감하여 29.1%이다.
- ⊙: $47.7 - 38.9 = 8.8(\%)$
- ⓛ: $34.7 - 26.1 = 8.6(\%)$
- ⓒ: $49.3 + 6.7 = 56(\%)$
- ⓜ: $24.6 + 37.8 = 62.4(\%)$

10 ⑤

잠재적 부담률이 가장 높은 노선은 E노선(67.5%)으로 조세 부담률이 두 번째로 높고, 잠재적 부담률이 가장 낮은 노선은 B노선(44.6%)으로 조세 부담률이 두 번째로 낮다.

11 ⑤

⑤ 연중 입소자 수가 전년 대비 감소한 2020년, 2021년, 2022년, 2024년에 연중 퇴소자 수의 합은 $680 + 740 + 691 + 715 = 2,826$(명)이므로 옳지 않은 설명이다.
① 서울시 아동복지시설 퇴소사유가 입양인 퇴소자 수가 가장 많은 해는 258명인 2019년이고, 가장 적은 해는 3명인 2023년이므로 $\frac{258}{3} = 86$(배)이다.
② 서울시 아동복지시설 수 대비 연도 말 입소자 수의 비율이 가장 높은 해는 시설 수가 41개소로 가장 적고, 연도 말 입소자 수가 2,083명으로 가장 많은 2019년이다.
③ 2024년을 제외하고 서울시 아동복지시설 입소사유가 양육포기와 파양인 입소자 수의 차이가 가장 큰 해는 $202 - 46 = 156$(명)인 2019년이다.
④ 서울시 아동복지시설의 연중 입소자 수와 연중 퇴소자 수의 차이가 $647 - 641 = 6$(명)으로 가장 적은 2023년에 퇴소사유가 독립인 퇴소자 수는 17명이므로 옳은 설명이다.

12 ④

'아동복지시설 최종 입소자 수 = 해당 연도의 연중 입소자 수 - 연중 퇴소자 수 + 연도 말 입소자 수'임을 이용하여 구한다.
2019년: $722 - 793 + 2,083 = 2,012$(명)
2020년: $689 - 680 + 2,078 = 2,087$(명)
2021년: $615 - 740 + 1,829 = 1,704$(명)
2022년: $568 - 691 + 1,803 = 1,680$(명)
2023년: $647 - 641 + 1,835 = 1,841$(명)
2024년: $581 - 715 + 1,673 = 1,539$(명)
따라서 최종 입소자 수가 가장 많은 연도는 2020년이고, 가장 적은 연도는 2024년이므로 두 연도의 최종 입소자 수를 더한 값은 3,626이다.

13 ②

이민정: 오렌지와 귤은 해마다 매출액이 증가하므로 (B) 또는 (E)이다.
김태준: 2021년과 2022년에 매출액이 1,000만 원대를 돌파한 것은 (C)뿐이므로 포도는 (C)이다.
이재현: 매출액이 가장 높았을 때와 낮았을 때의 차이가 100만 원 이상인 것은 (A)뿐이므로 레몬은 (A)이다.
정민주: 수박의 매출액이 귤 매출액의 4배라고 했는데, 이에 해당하는 것은 2021년의 (D)와 (E)뿐이다. 그러므로 수박은 (D), 귤은 (E)이다.
따라서 해당하는 과일을 바르게 나열하면 (A)-레몬, (B)-오렌지, (C)-포도, (D)-수박, (E)-귤이다.

14 ③

③ 2023년 포도의 매출액은 오렌지 매출액의 $\frac{834}{329} ≒ 2.5$(배)로 3배 이상이 아니다.
① 2023년 귤의 매출액은 전년 대비 $\frac{47 - 26}{26} \times 100 ≒ 80.8(\%)$ 증가하였다.
② 2023년 귤의 매출액은 47만 원, 사과의 매출액은 32만 원으로 귤의 매출액이 더 많다.
④ 2019년 레몬과 포도의 매출액 차는 $857 - 560 = 297$(만 원)으로 200만 원 이상이다.
⑤ 전년 대비 2024년 매출액은 수박이 400% 증가한 15만 원, 사과가 100% 증가한 64만 원이 되어, 사과의 매출액이 수박의 $\frac{64}{15} ≒ 4.3$(배)가 된다.

15 ②

② 2024년 1~5월 실업자 수는 A지역이 3,500명이고, B지역 실업자 수는 실업률을 이용하여 구하면 $\frac{20}{0.013} ≒ 1,500$(명)이다.
따라서 A지역이 B지역의 $\frac{3,500}{1,500} ≒ 2.3$(배)이다.
① 2024년 1~5월 취업자 수는 A지역이 $\frac{1,600}{0.174} ≒ 9,200$(명), B지역이 5,800명으로 A지역이 더 많다.
③ 5월의 실업률은 A지역이 $\frac{1,800}{3,500} \times 100 ≒ 51.4(\%)$, B지역이 $\frac{300}{1,500} \times 100 = 20.0(\%)$로 A지역이 더 높다.
④ B지역의 실업자 수가 가장 적은 달은 4월이고, 이때 A지역의 실업자 수는 전월 대비 $\frac{800 - 600}{600} \times 100 ≒ 33.3(\%)$ 증가하였다.
⑤ 전월 대비 6월 실업자 수는 A지역이 100% 증가한 3,600명, B지역이 400% 증가한 1,500명으로 A지역이 B지역의 $\frac{3,600}{1,500} = 2.4$(배)이다.

16 ①

㉠ A지역의 취업자 수는 위 문제에서 구한 1~5월 전체 취업자 수 9,200명을 해당월 취업률로 계산하여 구할 수 있다. 1,003명, 1,196명, 1,601명, 2,401명, 2,999명으로 꾸준히 증가하고 있다.

㉢ B지역의 실업자 수는 1~5월 전체 실업자 수 1,500명을 해당월 실업률로 계산하여 구할 수 있다. 521명, 50명, 609명, 20명, 300명으로 증감을 반복하고 있다.

㉡ A지역의 전체 취업자 수와 실업자 수의 차는 9,200 − 3,500 = 5,700(명)이고, B지역의 전체 취업자 수와 실업자 수의 차는 5,800 − 1,500 = 4,300(명)으로 A지역의 차이가 더 크다.

㉣ A지역의 5월 취업자 수는 전월 대비 $\frac{3,000-2,400}{2,400}$ × 100 = 25.0(%) 증가하였다.

17 ⑤

회의실(대) 2개를 2시간 대관했다가 당일 취소할 경우의 위약금은 129,000 × 2 × 0.5 = 129,000(원)이고,
회의실(대) 1개를 4시간 대관했다가 당일 취소할 경우의 위약금은 (129,000 + 130,000) × 0.5 = 129,500(원)이다.
따라서 두 경우의 위약금은 동일하지 않다.

18 ①

코레일에서는 총 3번의 회의를 진행하는데, 월요일에는 대형 회의실, 화요일에는 중형 회의실, 토요일에는 소형 회의실에서 한다. 월요일은 기본대관에 1시간의 추가대관, 화요일은 기본대관에 2시간의 추가대관, 토요일은 기본대관만을 진행하지만 주말이기 때문에 10%가 할증된다.
이 금액을 계산하면,
월요일 : 129,000 + 65,000 = 194,000(원)
화요일 : 65,000 + 32,500 × 2 = 130,000(원)
토요일 : 44,000 + 4,400 = 48,400(원)
이를 모두 합산하면 총금액은 372,400원이다.

19 ②

육상 교통수단 중 택시가 가장 빠르므로 택시를 타고 바로 T지역으로 가는 경우와 택시를 타고 나리타 공항에 가서 항공편을 이용해 T지역으로 가는 경우만 확인하면 된다.
ⅰ) 택시를 타고 바로 T지역으로 가는 경우
일본 지사에서 T지역까지의 거리가 285km이므로 택시를 타고 이동하는 시간은 285÷75 = 3.8(시간)이다. 따라서 총 3시간 48분이 걸린다.
ⅱ) 택시를 타고 나리타 공항을 간 후 비행기를 타고 T지역으로 가는 경우
일본 지사에서 나리타 공항까지의 거리가 72km이므로 택시를 타고 이동하는 시간은 72÷75 = 0.96(시간) 즉 57분이다. 공항에 도착하는 시간은 57분 뒤인 오전 6시 24분이다. 탑승

수속에 1시간이 소요되므로 오전 7시 24분 이후로 출발하는 항공편을 이용할 수 있다. 해당 조건에 부합하는 항공편 중 가장 빨리 이용할 수 있는 것은 오전 7시 29분에 출발하는 C항공사이다. 따라서 일본 지사에서 택시를 타고 출발하여 나리타 공항에서 C항공을 타기까지는 2시간 2분이 걸리며, 나리타 공항에서 C항공을 타고 T지역에 도착하기까지는 1시간 36분이 걸리므로 총 3시간 38분이 걸린다.
따라서 정답은 ②이다.

20 ②

일본 지사에서 나리타 공항까지 간 후 T지역 지점으로 가는 데 드는 비용을 계산하면 다음과 같다.
ⅰ) 자가용을 이용할 경우
1km당 160원이므로 72km 거리인 공항에 가는 데 드는 비용은 160 × 72 = 11,520(원)이다. 72÷60 = 1.2(시간), 즉 1시간 12분이 소요되므로 나리타 공항에 도착하는 시각은 오전 6시 39분이다. 탑승수속에 1시간이 소요되므로 오전 7시 39분 이후로 항공편 탑승이 가능하다. 이 중 오전 9시 50분까지 T지역에 도착할 수 있는 항공편은 오전 8시 23분에 출발해 오전 9시 49분에 도착하는 B항공사이다. 따라서 비용은 11,520 + 114,000 = 125,520(원)이 든다.
ⅱ) 택시를 이용할 경우
최초 2km당 3,800원, 200m당 150원씩 요금이 추가되므로 1km당 750원이 추가되고, 72km 거리인 공항에 가는 데 드는 비용은 3,800 + (70 × 750) = 56,300(원)이 든다. 72÷75 = 0.96(시간), 즉 57분에 택시를 기다리는 시간 4분, 총 1시간 1분이 소요되므로 나리타 공항에 도착하는 시각은 오전 6시 28분이다. 탑승수속에 1시간이 소요되므로 오전 7시 28분 이후로 항공편 탑승이 가능하다. 오전 7시 29분에 출발하는 C항공사를 이용하면 오전 9시 5분에 도착한다. 따라서 비용은 56,300 + 116,000 = 172,300(원)이 든다.
ⅲ) 버스를 이용할 경우
최초 10km당 1,200원, 1km당 20원씩 요금이 추가되므로 72km 거리인 공항에 가는 데 드는 비용은 1,200 + (62 × 20) = 2,440(원)이다. 72÷65 = 1.1(시간), 즉 1시간 6분에 버스를 기다리는 시간 4분, 총 1시간 10분이 소요되므로 나리타 공항에 도착한 시각은 오전 6시 37분이다. 탑승수속에 1시간이 소요되므로 오전 7시 37분 이후로 항공편 탑승이 가능하다. 오전 7시 38분에 출발하는 D항공사를 이용하면 오전 9시 12분에 도착한다. 따라서 비용은 2,440 + 123,000 = 125,440(원)이 든다.
ⅳ) 셔틀버스를 이용할 경우
가장 빨리 탈 수 있는 셔틀버스는 5시 30분 차로, 비용은 15,000원이다. 속도는 72÷65 = 1.1(시간), 즉 1시간 6분이 소요되므로 나리타 공항에 도착한 시각은 오전 6시 36분이다. 탑승수속에 1시간이 소요되므로 오전 7시 36분 이후로 항공편 탑승이 가능하다. 오전 7시 38분에 출발하는 D항공사를 이용하면 오전 9시 12분에 도착할 수 있다. 따라서 비용은 15,000 + 123,000 = 138,000(원)이 든다.
따라서 버스를 이용한 후 D항공사를 이용하는 방법이 125,440원으로 비용이 가장 저렴하다.

21 ④

숙소에서 공항까지의 이동수단별로 T지역 도착시각과 비용을 계산하면 다음과 같다.

ⅰ) 자가용을 이용할 경우

자가용 이용 시 15÷60 = 0.25(시간), 즉 15분이 소요되므로 나리타 공항에 오전 9시 25분에 도착한다. 탑승수속에 1시간이 소요되므로 오전 10시 29분에 출발하는 C항공사를 이용하면 T지역에 오후 12시 5분에 도착한다.

이 경우 T지역에 오후 12시 이후에 도착하게 되므로 조건에 위배된다.

ⅱ) 택시를 이용할 경우

• 도착시각 : 택시 이용 시 15÷75 = 0.2(시간), 즉 12분이 소요되므로 오전 9시 22분에 공항에 도착한다. 탑승수속에 1시간이 소요되므로 오전 10시 23분에 출발하는 B항공사를 이용하면 T지역에 오전 11시 49분에 도착한다.

• 비용 : 택시 요금은 3,800 + (13×750) = 13,550(원)이고 항공편은 오전 10시 이후로 7% 할인되므로 114,000×0.93 = 106,020(원)이다. 따라서 총 119,570원이 든다.

ⅲ) 버스를 이용할 경우

• 도착시각 : 7분이 소요되므로 오전 9시 17분에 공항에 도착한다. 탑승수속에 1시간이 소요되므로 오전 10시 18분에 출발하는 A항공사를 이용하면 T지역에 오전 11시 56분에 도착한다.

• 비용 : 버스 비용은 1,200 + (5×20) = 1,300(원)이고 항공편은 오전 10시 이후로 7% 할인되므로 127,000×0.93 = 118,110(원)이 든다. 따라서 총 119,410원이 든다.

따라서 숙소에서 나리타 공항까지는 버스를 이용한 후 T지역까지는 A항공사를 이용하는 것이 가장 저렴하다.

22 ④

④ 3개월 단위로 0.1%p씩 감면받으므로, 4년 분할상환조건은 최대 1.6%p 감면 가능하다.

① 더베스트 희망대출은 5년간, 직장인 우대 든든 신용대출은 직장 7년간 분할상환이 가능하다.

② 더베스트 희망대출은 중도상환해약금이 없다.

③ 더베스트 희망대출은 3개월 이상인 반면, 직장인 우대 든든 신용대출은 1년 이상의 재직기간이 필요하다.

⑤ 연소득 3천만 원 이상인 자만 신청가능하다.

23 ③

박 씨는 소기업 법인의 대표이므로 직장인 우대 든든 신용대출은 신청할 수 없다.

3,500만 원×1.8 = 6,300(만 원)에서 담보대출을 제외한 신용대출만을 차감하면,

6,300만 원 − 400만 원 − 30만 원 − 70만 원 = 5,800(만 원)

따라서 최대 대출 가능한 금액은 5,800만 원이다.

24 ⑤

3개 팀 기준 가중치를 부여한 A~F의 합산점수를 구하면 다음과 같다.

구분	총무팀 기준	기획팀 기준	홍보팀 기준
A	57	54	58
B	48	53	49
C	52	58	53
D	58	58	61
E	54	57	56
F	51	56	51

기획팀 기준 총점 상위 2인은 C와 D이다.

홍보팀 기준 총점 상위 1인은 D인데, 이미 기획팀에 배치되었으므로 A가 배치된다.

총무팀 기준 총점이 높은 순서대로 나타내면 D, A, E, C, F, B인데, A가 홍보팀, C와 D가 기획팀에 배치되므로, 이를 제외하고 총점이 높은 2인인 E와 F가 배치된다.

25 ⑤

기준에 따라 배치되지 않은 신입사원은 B이다. 의사소통능력, 리더십, 외국어능력에 3배의 가중치를 부여한 총점을 구하면 각각 48점, 54점, 50점으로 리더십에 가중치를 부여한 점수가 가장 높으므로 B는 신사업팀에 배치된다.

제2회 직업기초능력평가

01. ④	02. ①	03. ④	04. ②	05. ⑤
06. ①	07. ②	08. ①	09. ③	10. ①
11. ④	12. ③	13. ③	14. ⑤	15. ③
16. ①	17. ①	18. ①	19. ③	20. ③
21. ①	22. ①	23. ④	24. ③	25. ⑤

01 ④

④ 특정 계층을 위해 주로 생산한 것은 상감청자이다. 분청사기는 서민층에서 왕실까지 두루 사용했음을 알 수 있다.
① 두 번째 문단에서 알 수 있는 내용이다.
③ 첫 번째와 두 번째 문단에서 알 수 있는 내용이다.
②, ⑤ 첫 번째 문단을 통해 알 수 있는 내용이다.

02 ①

이 글은 분청사기가 고려 말 상감청자의 전통을 이어 나타난 도자 양식임을 이야기하면서, 분청사기가 저렴한 생활용기를 만드는 데서 시작해서 왕실에서 사용되는 예술적인 도자로 발전해가는 과정에 대해 설명하고 있으므로 ①이 가장 알맞은 제목이라고 볼 수 있다.

03 ④

제시된 내부규정에 따르면 공무국외출장의 여비청구에 있어 출장국가에서 지불한 철도운임 등에 대한 실제비용은 귀국 후에 청구하도록 되어 있다.

04 ②

① 각 비용의 적정성 검토를 위해 공무국외출장 관리부서의 협조를 미리 받아야 한다.
③ 출장자는 출장국가에서 지불한 철도운임에 대한 비용을 귀국 후에 청구한다.
④ 공무국외출장 결과보고서는 귀국 후 10일 이내에 요구부서장의 결재를 받아 관리부서장에 제출해야 한다.
⑤ 출장일정에 따른 현지 대중교통 사용운임은 도시 간 이동도 실제비용으로 정산한다.

05 ⑤

원료의 산지에 따라 다른 세율을 붙이는 것이 필요하다고 나와 있으므로 현재의 주세는 원료의 산지와 관련 없이 동일하게 책정되어 있음을 추론할 수 있다.

06 ①

이 글은 수입산 원료로 우리 술을 만드는 현실을 개탄하면서, 국내산 원료로 우리 술을 만드는 양조장이 많아질 수 있도록 정부가 각종 정책으로 지원해 줄 것을 주장하고 있다. 따라서 정답은 ①이다.

07 ②

위 보도자료에서 가장 중심이 되는 것은 '철도 원팀코리아'이다. 이 철도 원팀코리아가 우크라이나의 철도 재건사업에서 어떠한 역할을 하는지에 대한 내용이므로, 가장 적절한 제목은 ②이다.
①과 ④는 지엽적인 내용이며, ③과 ⑤에는 '철도 원팀코리아'라는 주어가 빠져 있다.

08 ①

ㄹ 코레일은 철도 재건사업 전반에 대한 컨설팅 및 자문 역할을 수행한다고 하였다. 또한, 우선 시행이 가능한 철도운영, 유지보수 인력 확보를 위한 연수 사업에 대해 우크라이나 측과 실행 방안을 검토하였다. 바로 실행에 착수한 것은 아니다.

09 ③

기사를 통해서 알 수 있듯이, 현행 벌금 체계가 요금의 10배를 물리도록 되어 있지만 현실적으로는 실효성이 낮다고 판단하고 있다. 따라서 무임승차의 대책으로 벌금의 인상 계획을 수립하는 것은 이 기사를 토대로 개요를 작성했을 때 옳지 않은 내용이다.

10 ①

㉠ 전기전자부품의 수출액과 수입액이 전체의 절반 이상을 차지한다.

㉡ 5월 콘덴서의 수입액이 전월보다 $197 \div 70 = 2.8$(배) 증가하였다.

㉢ 전월 대비 수입액 증가율: $\dfrac{4,916-4,179}{4,179} \times 100 ≒ 17.6(\%)$

전월 대비 수출액 감소율: $\dfrac{6,733-7,632}{7,632} \times 100 ≒ -11.8(\%)$

수입액은 17.6% 증가하였고, 수출액은 11.8% 감소하였으므로 수입액 증가율이 더 크다.

㉣ 4월: $\dfrac{8,690}{4,662} ≒ 1.9$, 5월: $\dfrac{10,315}{4,602} ≒ 2.2$으로, 4월의 공기청정기 수입액은 수출액의 2배가 되지 않는다.

11 ④

5월 반도체 수출액의 전월 대비 증감율은

$\dfrac{1,047,499-1,146,436}{1,146,436} \times 100 ≒ -8.6(\%)$이므로 10% 이하의 감소율을 보인다.

12 ③

㉠ 국어국문학과의 경우 버스를 이용하는 학생 수보다 택시를 이용하는 학생 수가 더 많다.

㉣ 2023년 일어일문학과에서 버스를 이용하는 학생 수는 택시를 이용하는 학생 수의 $\dfrac{37}{19} ≒ 1.9$(배)이다.

㉡ 2022년 대비 2023년 버스를 이용하는 뮤지컬학과 학생 수는 $\dfrac{28-16}{16} \times 100 = 75(\%)$ 증가하였다.

㉢ 2022년 대비 2023년 지하철을 이용하는 학생 수는 실용예술학과와 뮤지컬학과를 제외한 다른 학과에서는 모두 증가하였다.

13 ③

2023년 전체 학생 수는 제시된 표에 나타난 536명의 2배이므로 1,072명이다. 2024년 학생 수는 전년 대비 25% 증가했으므로 $1,072 \times 1.25 = 1,340$(명)이고, 이 중 셔틀버스를 이용하는 학생은 30%라 했으므로 $1,340 \times 0.3 = 402$(명)이다.

14 ⑤

2022년과 2023년을 제외하고는 멕시코가 한국보다 책 판매액이 더 적다.

15 ③

1,000원은 960파운드이므로 1,250원(= 1달러)은

$\dfrac{960}{1,000} \times 1,250 = 1,200$(파운드)이다.

즉, 1달러가 1,200파운드이다.

따라서 2022년과 2023년 영국 책 판매액의 평균을 구하면,

$\dfrac{24,982+30,678}{2} ≒ 27,830$(백만 달러)이므로 27,830(백만 달러)$\times 1,200 = 333,960$(억 파운드)이다.

16 ①

A : $24,960 + 4,604 = 29,564$

B : $2,939 + 2,435 + 6,242 + 5,477 = 17,093$

C : $220 \times 108.8 = 23,936$

17 ①

2019년 기타 경비는 인건비의 2배가 되지 않는다.

18 ①

M사의 설명회 통역료는 독일어 통역사 3명이 3시간, 중국어 통역사 1명이 1시간으로 (70만 원$\times$3명) + 80만 원 = 290(만 원)이고, 출장비는 독일까지 왕복 22시간, 개인당 왕복 교통비 80만 원으로 (1만 원$\times$22시간$\times$4명) + (80만 원$\times$4명) = 408(만 원)이다. 따라서 P사가 M사로부터 받아야 하는 총 통역경비는 290만 원 + 408만 원 = 698(만 원)이다.

19 ③

도쿄국제영화제 통역료는 일본어 통역사 4명이 6시간, 영어 통역사 2명이 3시간으로 (155만 원$\times$4명) + (70만 원$\times$2명) = 760(만 원)이고, 출장비는 일본까지 왕복 4시간, 개인당 왕복 교통비 50만 원으로 (1만 원$\times$4시간$\times$6명) + (50만 원$\times$6명) = 324(만 원)이다. 따라서 P사가 도쿄국제영화제 주최자로부터 받아야 하는 총 통역경비는 760만 원 + 324만 원 = 1084(만 원)이다.

20 ③

예약인원은 320명에서 80명으로 줄어들고 와인의 수량을 10병으로 변경하면 식음료 견적가를 초과하지 않으므로, 와인의 등급을 조정하면 240만 원 + 80만 원 = 320(만 원)이다.

얼음 장식은 크기를 변경하여 210만 원이 되고, 현수막 예산은 27만 원 + 26만 원 = 53(만 원)이 된다.

이렇게 하면 장식 부분의 예산이 500만 원을 초과하지 않기 때문에 꽃 장식의 크기를 조정할 필요는 없다.

21 ①

식음료 320만 원 + 얼음 장식 210만 원 + 꽃 장식 200만 원 + 현수막 53만 원 = 783(만 원)이다.

22 ①

(가) 본인만 할인이 적용(KTX 30%)되므로 (59,800 × 0.7) + 59,800 = 101,660(원)이다.

(나) 1, 2, 4세 자녀이므로 1세와 2세는 동반유아 할인으로 2매 구매할 수 있으며, 4세 아이는 어른 요금으로 계산하여야 한다. {(42,600 × 2) × 0.25} + (42,600 × 2) = 21,300 + 85,200 = 106,500(원)

(다) 코레일 멤버십 회원 중 만 25 ~ 33세까지 청년은 열차별 승차율에 따라 지정된 좌석을 10~40%까지 할인해주나 특실은 할인 대상이 아니므로 83,700 × 2 = 167,400(원)이다.

23 ④

④ 14시 30분 전에 도착하는 열차는 10시 17분에 출발하는 KTX163 열차뿐이므로 A와 C씨가 탈 열차는 동일하다.

① 14시 전에 도착하려면 10시 17분에 출발하는 KTX163을 타야 한다.

② 1013, 1211, 1007, 1017 열차 중 가장 저렴한 일반석은 1211이다. 청년 할인은 최대 40%까지 적용이 가능하지만 B씨가 예매한 열차에는 10% 할인율이 적용되었다. 그러므로 28,600 × 0.9 = 25,740(원)이다.

③ B씨의 이용조건에 부합하는 열차는 네 개다. (1013, 1211, 1007, 1017 열차)

⑤ C씨는 장애 30% 할인 대상이므로 장애 4~6급에 해당된다. 할인 횟수는 제한이 없으므로 서울행 열차표를 구매할 때도 동일한 조건으로 예매할 수 있다.

24 ③

과세표준을 계산하면 다음과 같다.

물품 가격 : 40달러 × 1,200원 = 48,000(원)

수입 국가에 납부한 세금 : 48,000원 × 0.15 = 7,200(원)

수입 국가에서 한국까지의 운송료 : 15,000(원)

따라서 과세표준은 48,000 + 7,200 + 15,000 = 70,200(원)이다.

25 ⑤

과세표준을 계산하면 (120달러 × 1,200원) + 10,000원 = 154,000(원)이다.

이때, 과세표준이 20만 원 미만이고 개인이 사용할 목적으로 구매하는 것이므로 관세는 면제된다.

따라서 A가 지출한 총 금액을 구하면, (120달러 + 30달러) × 1,300원 = 195,000(원)이다.

제3회 직업기초능력평가

01. ①	**02.** ④	**03.** ②	**04.** ④	**05.** ⑤
06. ③	**07.** ④	**08.** ③	**09.** ⑤	**10.** ②
11. ①	**12.** ②	**13.** ②	**14.** ④	**15.** ②
16. ⑤	**17.** ③	**18.** ②	**19.** ①	**20.** ⑤
21. ④	**22.** ⑤	**23.** ①	**24.** ④	**25.** ②

01 ①

고갱의 사례를 통해 화가는 피사체(부인)의 있는 그대로의 모습을 그리는 것이 아니라 화가 자신의 주관적인 느낌을 그린 것이라고 말하고 있다.

02 ④

구체적인 사례를 제시하여 흥미를 유발하고, 현상에 대한 의미를 부여하고 있다. 그림이 피사체와 꼭 닮아야 하는가, 자신의 주관이 드러나야 하는가에 대한 이야기를 하고 있다.

03 ②

㉠, ㉣ 정책은 규제에 속하여 어길 경우에 강제적 조치가 들어가므로 강제성이 높은 성격을 갖고 있다.
나머지 ㉡, ㉢, ㉤ 정책은 중재, 혹은 권고에 그치므로 이를 어길 경우에도 강제적 조치가 취해지지 않기 때문에 강제성이 낮은 성격을 갖고 있다고 할 수 있다.

04 ④

④ 금융 시장 변동에 따른 불안 심리는 오버슈팅을 유발하는 원인 중 하나이다.
① 오버슈팅의 원인에 물가 경직성이 포함되어 있다.
② 마지막 문단에서 정책으로 설명되어 있다.
③ 오버슈팅은 환율이나 주가 등 경제 변수가 단기에 지나치게 상승 또는 하락하는 현상을 의미한다.
⑤ 유해 식품 판매 규제는 강제성이 높은 정책의 하나로 설명되어 있다.

05 ⑤

⑤ 제2조 제1항에서 "제4조의 규정에 의하여 국토교통부장관은 「철도의 건설 및 철도시설 유지관리에 관한 법률」 제9조에 따른 철도건설사업실시계획을 승인·고시한 날부터 1월 이내에 사업용철도노선을 지정한다."라고 명시되어 있다.
① 제3조 제1항 제4호에 따르면 신청인이 법 제7조에 의하는 결격사유가 없다는 것을 밝혀야 한다고 명시되어 있다.
② 제2조의2 제1항과 제2항은 철도운행지역과 운행거리, 운행속도에 따라 각기 철도를 하위분류해 명시하고 있다.
③ 제2조의3에 따르면 준고속철도는 200~300km 사이에서 운행한다고 명시되어 있다.
④ 제2조 제2항에 "국토교통부장관은 제1항의 규정에 의하여 사업용철도노선을 지정한 경우에는 이를 관보에 고시하여야 한다. 고시한 사항의 변경이 있거나 사업용철도노선의 폐지가 있는 때에도 또한 같다."라고 명시되어 있다.

06 ③

③ 전용철도운영계획서는 전용철도를 운영하고자 하는 자가 전용철도운영등록신청서에 첨부하는 서류이다.

07 ④

④ 결제기한 3회 초과로 자동 취소 시 6개월간 서비스 제한이 있다고 하였다. 1년이 아닌, 6개월간 이용할 수 없다.

08 ③

열차 내에서 유효한 승차권 여부 및 대상자임을 확인한다는 내용은 있으나, 타인 이용 적발 시 받는 불이익에 대해서는 제시되어 있지 않다.

09 ⑤

⑤ 교대역의 이용자 수가 가장 많았던 2023년에 전체 환승역 이용자 수의 2019년 대비 증가율은 $\dfrac{2,568-2,477}{2,477}\times100 = 3.7(\%)$이므로 옳은 설명이다.

① 2020년에 환승역 이용자 수가 가장 많은 신도림역과 가장 적은 삼각지역의 차이는 $1,907-4=1,903$(백만 명)이므로 옳지 않은 설명이다.

② 고속터미널역 이용자 수의 증감 추이는 증가, 감소, 증가, 증가이고, 이와 증감 추이가 동일한 역은 교대역이다.

③ 신도림역의 이용자 수가 두 번째로 많았던 2022년에 교대역과 사당역의 이용자 수 차이는 $331-163=168$(백만 명)이므로 옳지 않은 설명이다.

④ 노량진역의 이용자 수가 처음으로 40백만 명 미만이 된 2023년에 온수역, 노량진역, 왕십리역, 종로3가역, 삼각지역의 이용자 수 합은 $19+39+19+12+7=96$(백만 명)으로 고속터미널역 이용자 수인 109백만 명보다 적다.

10 ②

왕십리역의 이용자 수가 전년도와 동일한 해는 2023년이다. 이때 전체 환승역 이용자 수에서 신도림역이 차지하는 비중은 $\dfrac{1,861}{2,568}\times100 = 72.5(\%)$이므로 A는 72.5%이다.

노량진역의 이용자 수가 전년도와 동일한 해는 2022년이고, 이때 전체 환승역 이용자 수에서 신도림역이 차지하는 비중은 $\dfrac{1,887}{2,562}\times100 = 73.7(\%)$이므로 B는 73.7%이다.

따라서 A와 B의 차이는 $73.7-72.5=1.2(\%p)$이다.

11 ①

① 2000년에는 멕시코 1개국이었는데 2020년에 멕시코, 아이슬란드, 일본 3개국으로 증가하였다.

② 우리나라 금융권 종사자의 남녀 평균 은퇴 연령의 차이가 가장 크게 나타났던 해는 2020년으로, 2020년 포르투갈 남성 금융권 종사자 평균 은퇴 연령은 68세로 66세를 넘었다.

③ 2005년 기준 9개국 중 남성 금융권 종사자의 평균 은퇴 연령이 가장 높은 국가는 71.1세인 멕시코이고, 가장 낮은 국가는 62.1세인 미국이므로 차이는 9세이다.

④ 우리나라 전체와 남자 금융권 종사자의 평균 은퇴 연령은 꾸준히 증가했으나, 여자 금융권 종사자의 평균 은퇴 연령은 2020년에 감소했다.

⑤ 2015년 미국 남성 금융권 종사자의 평균 은퇴 연령은 64세로 65세를 넘지 않았다.

12 ②

국가별 2000년 대비 2015년 남성 금융권 종사자 평균 은퇴 연령의 증가율을 구하면 다음과 같다.

미국 : $\dfrac{64.0-63.3}{63.3}\times100 = 1.1(\%)$

뉴질랜드 : $\dfrac{67.6-64.2}{64.2}\times100 = 5.3(\%)$

스웨덴 : $\dfrac{66.1-64.0}{64.0}\times100 = 3.3(\%)$

포르투갈 : $\dfrac{67.5-65.1}{65.1}\times100 = 3.7(\%)$

멕시코 : $\dfrac{72.4-70.7}{70.7}\times100 = 2.4(\%)$

스위스 : $\dfrac{65.2-63.2}{63.2}\times100 = 3.2(\%)$

아이슬란드 : $\dfrac{69.0-64.8}{64.8}\times100 = 6.5(\%)$

아일랜드 : $\dfrac{66.0-64.0}{64.0}\times100 = 3.1(\%)$

일본 : $\dfrac{69.0-65.5}{65.5}\times100 = 5.3(\%)$

따라서 2000년 대비 2015년 남성 금융권 종사자 평균 은퇴 연령의 증가율이 가장 큰 국가는 약 6.5%인 아이슬란드이고, 가장 작은 국가는 약 1.1%인 미국이다.

13 ②

2021년 한국 자동차 등록 대수의 전년 대비 증가율은 $\dfrac{2,254-2,181}{2,181}\times100 = 3.35(\%)$이다.

영국 자동차 등록 대수의 전년 대비 증가율이 이와 동일할 때, 2020년 영국의 자동차 등록 대수는 47,015천 대이므로 2021년 영국의 자동차 등록 대수는 $47,015\times1.0335 = 48,590$(천 대)이다.

14 ④

④ 부산보다 인천 지역 자동차 등록 대수가 더 많은 2019년부터 2023년까지 경남 지역 자동차 등록 대수의 합은 $156+163+167+167+169=822$(만 대)이므로 옳은 설명이다.

① 서울과 제주 지역의 자동차 등록 대수 차이가 $298-26=272$(만 대)로 두 번째로 큰 2016년에 전체 자동차 등록 대수의 전년 대비 증가량은 $1,845-1,795=50$(만 대)이므로 옳지 않은 설명이다.

② 2015년부터 2017년까지 자동차 등록 대수가 많은 지역은 1위부터 차례대로 경기, 서울, 경남, 부산, 경북이고, 2018년에는 경기, 서울, 경남, 경북, 부산, 2019년에는 경기, 서울, 경남, 인천, 경북이므로 옳지 않은 설명이다.

③ 자동차 등록 대수가 2,000만 대 미만인 2015년부터 2018년까지의 전남 지역 자동차 등록 대수의 평균을 구하면, $\frac{71+74+77+80}{4}$ = 75.5(만 대)로 75만 대 이상이다.

⑤ 전체 자동차 등록 대수에서 경기 지역 자동차 등록 대수의 비중을 구하면,

2023년 : $\frac{562}{2,321} \times 100$ ≒ 24.2(%)

2017년 : $\frac{440}{1,861} \times 100$ ≒ 23.6(%)

2023년이 더 높다.

15 ②

② 서구는 화물차 수송 도착량에 대한 수송 발생량 비율이 가장 낮은 것일 뿐이고 화물차 수송을 위해 출발하는 차가 다른 구보다 적은지는 알 수 없다.

① 승용차 1대당 통행 발생량을 구하면 다음 표와 같다.

구분	부평구	미추홀구	연수구	서구	전체
승용차 1대당 통행 발생량	2.02	3.03	3.21	3.33	2.81

③ 부평구가 평균보다 0.5 이상 적은 2.02의 승용차 1대당 통행 발생량을 가지고 있으므로, 통행이 매우 한산함을 알 수 있다.

④ 승용차 통행 발생량이 가장 많은 구가 25만 통행, 가장 적은 구가 15만 통행으로 그 차이는 10만 통행이다.

⑤ 승용차 보유대수는 부평구가 8만 9천 대로 가장 많다.

16 ⑤

전체 승용차 보유대수 = 84,000 + 116,000 + 85,000 + 187,000 = 472,000(대)

전체 승용차 통행 발생량 = 220,000 + 330,000 + 250,000 + 610,000 = 1,410,000(통행)

$\frac{1,410,000}{472,000}$ = 2.9872…

따라서 정답은 2.99이다.

17 ③

먼저 권 차장의 상반기 성과평가 결과에 가중치를 적용하면 다음과 같다.

구분	상반기
업무성과	62×0.5=31(점)
조직기여도	85×0.3=25.5(점)
근무태도	65×0.2=13(점)
합계	69.5점
등급	C
성과급	200만 원

다음으로 권 차장의 하반기 성과평가 결과에 가중치를 적용하면 다음과 같다.

구분	하반기
업무성과	78×0.5=39(점)
조직기여도	72×0.3=21.6(점)
근무태도	81×0.2=16.2(점)
합계	76.8점
등급	B
성과급	300만 원

따라서 권 차장이 상반기와 하반기에 받은 성과상여급의 총 금액은 500만 원이다.

18 ②

하반기 성과상여금은 다음과 같다.

정 과장 : 200만 원

김 대리 : 300만 원 + (100만 원 × 0.24) = 324(만 원)

박 대리 : 500만 원 + (200만 원 × 0.36) = 572(만 원)

따라서 세 명이 지급받는 총 금액은 200 + 324 + 572 = 1,096(만 원)이다.

19 ①

'나', '다', '사'는 E를 2개 이상 받았으므로 제외하고, 나머지 컴퓨터에 항목별 비율을 적용하여 점수를 구하면 다음과 같다.

가 : (100 × 0.3) + (100 × 0.25) + (80 × 0.2) + (70 × 0.15) + (100 × 0.1) = 91.5(점)

라 : (80 × 0.3) + (90 × 0.25) + (60 × 0.2) + (90 × 0.15) + (90 × 0.1) = 81.0(점)

마 : (90 × 0.3) + (80 × 0.25) + (100 × 0.2) + (100 × 0.15) + (60 × 0.1) = 88.0(점)

바 : (70 × 0.3) + (80 × 0.25) + (60 × 0.2) + (100 × 0.15) + (100 × 0.1) = 78.0(점)

아 : (100 × 0.3) + (70 × 0.25) + (90 × 0.2) + (80 × 0.15) + (60 × 0.1) = 83.5(점)

자 : (70 × 0.3) + (100 × 0.25) + (80 × 0.2) + (100 × 0.15) + (80 × 0.1) = 85.0(점)

따라서 은우가 선택할 컴퓨터는 '가'이다.

20 ⑤

'나', '다', '사'는 T를 2개 이상 받았으므로 제외하고, 나머지 컴퓨터에 항목별 비율을 적용하여 점수를 구하면 다음과 같다.
가 : $(100 \times 0.1) + (100 \times 0.15) + (80 \times 0.2) + (70 \times 0.25) + (90 \times 0.3) = 85.5$(점)
라 : $(80 \times 0.1) + (90 \times 0.15) + (60 \times 0.2) + (90 \times 0.25) + (90 \times 0.3) = 83.0$(점)
마 : $(90 \times 0.1) + (80 \times 0.15) + (100 \times 0.2) + (100 \times 0.25) + (60 \times 0.3) = 84.0$(점)
바 : $(70 \times 0.1) + (80 \times 0.15) + (60 \times 0.2) + (100 \times 0.25) + (100 \times 0.3) = 86.0$(점)
아 : $(100 \times 0.1) + (70 \times 0.15) + (90 \times 0.2) + (80 \times 0.25) + (60 \times 0.3) = 76.5$(점)
자 : $(70 \times 0.1) + (100 \times 0.15) + (80 \times 0.2) + (100 \times 0.25) + (80 \times 0.3) = 87.0$(점)
따라서 은우가 선택할 컴퓨터는 '자'이다.

21 ④

4개의 관광지를 하루에 모두 둘러보는 것이 가능한 경우는 다음과 같다. 운영시간이 가장 이른 사찰부터 관광을 시작한다.
ⅰ) 사찰 다음에 박물관을 갈 경우

사찰	이동시간	박물관	이동시간
06:00~08:00	08:00~08:45	8:45~10:45	10:45~11:25
2시간	45분	2시간	40분
분수공원	이동시간	대기시간	궁궐
11:25~13:25	13:25~13:52	13:52~14:00	14:00~16:00
2시간	27분	8분	2시간

ⅱ) 사찰 다음에 분수공원을 갈 경우

사찰	이동시간	분수공원	이동시간
06:00~08:00	08:00~08:40	8:40~10:40	10:40~11:20
2시간	40분	2시간	40분
박물관	이동시간	대기시간	궁궐
11:20~13:20	13:20~13:43	13:43~14:00	14:00~16:00
2시간	23분	17분	2시간

ⓛ 박물관과 분수공원의 관광 순서를 바꿔도 관광지 4개를 모두 둘러볼 수 있고, 관광이 끝나는 시간은 똑같다.
ⓒ 마지막 관광을 종료하는 시각은 16시이다.
㉠ 분수공원이나 박물관부터 관광을 시작할 경우 궁궐 관광은 14시부터 가능하고, 일정이 16시에 끝나므로 궁궐 관광이 마지막 순서가 돼야 한다. 그러나 8시 30분이나 8시 45분에 관광을 시작하면 3개의 관광지를 도는 데 6시간이 걸리고, 이동시간을 고려하지 않아도 14시가 넘으므로 불가능하다.
궁궐부터 관광을 시작할 경우 12시에 가이드투어가 끝나고 나머지 3개의 관광지를 도는 데 6시간이 걸린다. 그러나 이동시간까지 포함하면 18시가 넘으므로 불가능하다. 따라서 가능한 일정은 사찰에서부터 관광을 시작하는 것뿐이다.

22 ⑤

궁궐, 분수공원, 박물관에서 관광을 시작할 경우 4개의 관광지를 모두 돌 수 없으므로 가장 빨리 갈 수 있는 사찰부터 가야 한다.

사찰	이동시간	박물관	이동시간
07:00~09:00	09:00~09:45	9:45~11:45	11:45~12:25
2시간	45분	2시간	40분
분수공원	이동시간	대기시간	궁궐
12:25~14:25	14:25~14:52	14:52~15:00	15:00~17:00
2시간	27분	8분	2시간

따라서 관광 순서로 옳은 것은 ⑤이다.

23 ①

문 씨 가족 : $52,000 \times 4 = 208,000$(원)
김 씨 가족 : $52,000 \times 2 + 30,000 \times 2 = 164,000$(원)
강 씨 가족 : $42,000 \times 3 + 23,000 \times 2 = 172,000$(원)
따라서 총 비용은 544,000원이다.

24 ④

우천 시 여행은 그대로 진행된다고 '기타' 사항에 나와 있다.

25 ②

사무실에는 최소 4명 이상의 직원이 근무하고 있어야 하므로 출장 및 휴가로 인해 사무실에 부재하는 직원이 2명 이하여야 한다.
제시된 희망 휴가 일자와 출장 일정으로 인해 주말 및 공휴일을 제외하고 사무실에 없는 직원을 달력에 표시해보면 다음과 같다.

일	월	화	수	목	금	토
		1	2	3	4	5
		석 출장	석 출장	석 출장 박 휴가	석 출장 박 휴가	
6	7	8	9	10	11	12
	김 출장 박 휴가	김 출장 박 휴가	석 휴가	석 휴가	석 휴가	
13	14	15	16	17	18	19
	석 휴가 공 휴가	공 휴가	박 출장 공 휴가 차 휴가	박 출장 공 휴가 차 휴가	차 휴가	
20	21	22	23	24	25	26
	공 출장 차 휴가	공 출장	공 출장	하 휴가	김 휴가 하 휴가	
27	28	29	30	31		
	김 휴가 하 휴가	김 휴가 하 휴가	김 휴가			

현재 3명 이상 겹치는 부분은 11/16 ~ 11/17인데, 출장 일정은
변경할 수 없고 직급이 가장 낮은 직원의 휴가 일정을 변경해
야 하므로 차 주임의 휴가 일자가 변경되어야 한다.

제4회 직업기초능력평가

01. ②	02. ②	03. ①	04. ④	05. ④
06. ③	07. ②	08. ④	09. ⑤	10. ④
11. ②	12. ①	13. ④	14. ②	15. ④
16. ④	17. ③	18. ④	19. ④	20. ①
21. ③	22. ②	23. ③	24. ④	25. ③

01 ②

사회적으로 이슈가 되는 사안을 중심으로 관련 데이터를 일목요연하게 확인할 수 있도록 공공데이터포털에 '이슈데이터' 코너를 신설해 제공한다고 하였으나, 이슈데이터에 대해 국민들이 직접 의견을 제시하여 참여할 수 있는지 여부는 주어진 글에서 확인할 수 없다.

02 ②

승인 : 어떤 사실을 마땅하다고 받아들임. '인정함'으로 순화
승인은 문맥에 어울리지 않으므로, '요구를 받아들이다'의 의미를 가진 '수락'으로 고친다.

03 ①

① 입찰서 제출 마감일시까지 관련 서류를 제출해야 하며, 이에 대한 수신 확인이 안 된 경우 낙찰자 선정에서 배제될 수 있다고 명시되어 있다.
② 종전 해당시설 운영사업자는 입찰 참여를 불허한다고 명시되어 있다.
③ 입찰서는 반드시 "공매사이트"의 인터넷 입찰장을 이용한 전자입찰서로만 제출해야 하며, 한번 제출된 입찰서는 변경 또는 취소가 불가능하다고 명시되어 있다.
④ 예정가격 이상으로 입찰한 자 중에서 최고가격으로 입찰한 유효입찰자를 낙찰자로 결정되며, 개찰결과 최고가격(동일가격) 입찰자가 2인 이상인 경우에는 "공매사이트" 무작위 추첨 방법에 의하여 낙찰자를 결정하게 된다고 명시되어 있다.
⑤ 동일한 시설에 대하여 동일인이 2회 이상 입찰서 제출 시 모두 무효 처리된다고 명시되어 있다.

04 ④

견책은 국가공무원 또는 지방공무원에 대한 징계처분 중의 하나이다. 제시된 지침에서는 문맥상 상벌 중 벌을 의미하는 포괄적 개념의 '징계'를 사용하는 것이 적절하다.

05 ④

제3조(마일리지 기준)에 따라 마일리지 부여 기준을 정해 두고 있다. 반부패 관련 활동이라고 해서 모두 부여대상이 되는 것은 아니다.

06 ③

인사와 함께 정선의 〈관동팔경〉 산수화에 대한 이야기하는 (다)가 글의 첫 시작을 열고, 〈관동팔경〉의 특징에 대해서 소개하는 (라)가 이후에 오는 것이 바람직하다. 다음으로 〈관동팔경〉의 첫 번째 작품을 소개하는 (마)와 두 번째 작품을 소개하는 (가)가 오고, 마지막으로 정선의 여러 표현법을 소개한 후, 또 다른 표현법을 소개하는 (나)가 오는 것이 바람직하다.

07 ②

① 〈총석정〉은 금강산 북쪽에 위치한 명승이다.
③ 정선은 호수를 그릴 때, 그리고자 하는 대상과 같은 높이에서 수평으로 사방을 둘러보며 표현하는 평원법을 사용하였다.
④ 〈관동팔경〉은 실제 자연의 모습을 있는 그대로 재현하기보다 생략이나 변형의 방식 등을 통해 자연의 아름다움이나 정취를 부각하였다.
⑤ 점경 인물이란 산수화에 등장하는 간단하고 작게 묘사된 인물이다.

08 ④

㉠ 1인 3점 이내 출품할 수 있으므로, 2점 출품도 가능하다.
㉢ 접수는 홈페이지에서 관련 서류를 다운받아 이메일로 하고, 수상발표는 홈페이지에서 하므로 모두 온라인을 통해 한다.
㉡ 상금은 금상 200만 원(1개), 은상 100만 원(2개), 동상 50만 원(3개)이므로, 금상·은상·동상의 상금 합계는 550만 원이다.
㉣ 디지털 사진의 경우 색감과 밝기 보정이 가능하다.
㉤ '저작재산권 전부에 대하 양도 동의서'는 수상 시 제출한다. 이때, 수상한 작품은 홍보자료로 사용될 수 있다.

09 ⑤

⑤ '8. 유의사항'을 보면, 수상작은 심사 발표 후 7일 이내에 촬영 원본파일을 제출해야 하고, 미제출 시 입상이 취소된다고 하였다. 따라서, 수상작 발표 5일 후에 원본파일을 제출하면 문제가 없다.

①, ②, ④의 경우 수상이 취소되며, ③의 필름 사진 작품은 JPG나 JEPG 형식으로 제출해야 하는 것이 원칙이므로 입상이 가능한지 여부를 확실히 알 수 없다.

10 ④

④ 2022년 대비 2023년 항공 운송업의 매출액은 약 0.38% ($=\dfrac{20,980-20,900}{20,900}\times100$) 증가했다.

① 수상 운송업과 항공 운송업의 매출액 합계는 2021년을 제외하고 항상 육상 운송업의 매출액보다 적었다. 수상 운송업과 항공 운송업의 매출액 합계와 육상 운송업의 매출액을 연도별로 비교하면 다음과 같다.

2021년 : 59,940(= 38,450 + 21,490) > 59,300
2022년 : 58,820(= 37,920 + 20,900) < 59,560
2023년 : 58,480(= 37,500 + 20,980) < 59,750

② 항공 운송업을 제외한 운수업 업종별 기업체 수는 매년 증가하였다.

③ 철도 운송과 기타 운송을 제외한 육상 운송업 세부업종별 종사자 수의 증감추이는 모두 증가 추세이다.

⑤ 2021년 대비 2023년 수상 운송업의 기업체 수는 약 18% ($=\dfrac{685-580}{580}\times100$) 증가했다.

11 ②

(가) : 59,300 − (7,960 + 8,200 + 31,500 + 400) = 11,240
(나) : 59,560 − (8,200 + 11,000 + 8,100 + 32,000) = 260
(다) : 59,750 − (10,900 + 8,000 + 32,100 + 250) = 8,500

12 ①

2020년 중형차의 서울톨게이트 이용 대수는 49,250천 대이므로 2020년 대비 2% 증가한 2023년 중형차의 서울톨게이트 이용 대수는 49,250 × 1.02 = 50,235(천 대)이다.

13 ④

④ 대형차의 서울톨게이트 이용 대수가 131,583천 대로 가장 적은 2014년과 172,578천 대로 가장 많은 2020년에 중형차의 서울톨게이트 이용 대수의 차이는 58,770−49,250 = 9,520(천 대)이므로 옳은 설명이다.

① 소형차의 서울톨게이트 이용 대수가 1,400,000천 대 이상인 2018년부터 2020년까지 대형차의 서울톨게이트 이용 대수의 평균은 $\dfrac{157,052+166,738+172,578}{3}=165,456$(천 대)이므로 옳지 않은 설명이다.

② 대형차의 서울톨게이트 이용 대수가 처음으로 140,000천 대를 넘는 2017년에 중형차의 서울톨게이트 이용 대수는 조사 기간 동안 세 번째로 많으므로 옳지 않은 설명이다.

③ 중형차의 서울톨게이트 이용 대수가 가장 많은 2014년에 소형차의 서울톨게이트 이용 차량 대수는 두 번째로 적었으므로 옳지 않은 설명이다.

⑤ 대형차의 서울톨게이트 이용 대수의 전년 대비 증가량이 두 번째로 많은 해는 166,738−157,052 = 9,686(천 대)인 2019년으로 옳지 않은 설명이다.

14 ②

② 수출금액이 가장 큰 해는 2021년이지만, 수출건수가 가장 큰 해는 2019년으로 틀린 내용이다.

15 ④

제시된 자료의 표를 완성하면 다음과 같다.

(단위 : 억 원)

구분	2018년	2019년	2020년	2021년	2022년	2023년
수출금액	490	497	447	551	471	488
수입금액	435	420	378	416	405	386
무역수지	55	77	69	135	66	102

④ 2021년과 2022년도 무역수지의 차이는 69이다.
① 2018년과 2019년도 무역수지의 차이는 22이다.
② 2019년과 2020년도 무역수지의 차이는 8이다.
③ 2020년과 2021년도 무역수지의 차이는 66이다.
⑤ 2022년과 2023년도 무역수지의 차이는 36이다.

16 ④

첫 번째 조건을 보면 2022년 대비 2023년 전체 종사자 수는 A가 4,174명, B가 3,330명, C가 6,605명, D가 660명 증가하였다. 즉, 가장 많은 수가 증가한 C가 '디자이너'다.

두 번째 조건을 보면 2022년 여성 종사자가 가장 많은 직업군은 5,957명인 A이고, 가장 적은 직업군은 370명인 D이다. 즉, A가 '작가'이고, D가 '연출가'이다.

세 번째 조건을 보면 2023년 전체 종사자 수 대비 남성 종사자 수의 비율은 A가 $\dfrac{17,279}{24,241}\times100 ≒71.3(\%)$, B가 $\dfrac{13,002}{17,336}\times100 = 75(\%)$, C가 $\dfrac{10,000}{16,848}\times100 ≒59.4(\%)$, D가 $\dfrac{1,585}{2,133}\times100 ≒ 74.3(\%)$이다. 즉, 비율이 75%인 B가 '배우'이다.

따라서 2023년 전체 종사자가 많은 직업군부터 순서대로 나열하면 '작가 − 배우 − 디자이너 − 연출가' 순이다.

17 ③

③ 2021년 대비 2022년 전체 종사자 수는 작가가 2,287명, 배우가 2,749명, 디자이너가 898명, 연출가 160명 감소하였다. 따라서 두 번째로 많이 감소한 직업군과 세 번째로 많이 감소한 직업군의 차이는 2,287 − 898 = 1,389이다.
① 2021년 작가의 남성 종사자 수는 디자이너의 남성 종사자 수의 $\frac{15,824}{7,194}$ ≒ 2.2(배)이다.
② 2021년 대비 2022년 배우의 여성 종사자 수는 $\frac{3,944-2,726}{3,944} \times 100$ ≒ 30.9(%) 감소하였다.
④ 2023년 대비 2024년 연출가 남성 종사자 수는 200% 증가한 4,755명, 디자이너 남성 종사자 수는 20% 감소한 8,000명이다. 따라서 디자이너 남성 종사자 수는 연출가 남성 종사자 수의 $\frac{8,000}{4,755}$ ≒ 1.7(배)이다.
⑤ 2022년 디자이너의 전체 종사자 수 대비 여성 종사자 수의 비율은 $\frac{3,905}{10,243} \times 100$ ≒ 38.1(%)이다.

18 ④

④ 버스와 택시 이용 : 1,000원 + 900원 + 2,000원 = 3,900(원)
① 택시 이용 : 2,000원(2km) + 400원(8km) = 2,400(원)
② 버스 이용 : 1,000원
③ 지하철 이용 : 1,000원
⑤ 버스와 지하철 이용 : 1,000원 + 900원 + 1,000원 = 2,900(원)

19 ④

④ 버스에서 택시로 환승하여 이동하는 경우가 대기시간이 가장 짧다. 버스에서 택시로 환승 시 총 16분(12분 + 2분 + 2분)이 걸리므로 회의 장소에서 4분을 대기해야 한다.
① 택시 이용 시 총 10분이 걸리므로 회의 장소에서 10분을 대기해야 한다.
② 버스 이용 시 총 15분이 걸리므로 회의 장소에서 5분을 대기해야 한다.
③ 지하철 이용 시 총 10분이 걸리므로 회의 장소에서 10분을 대기해야 한다.
⑤ 지하철에서 버스로 환승 시 총 12분(6분 + 2분 + 4분)이 걸리므로 회의 장소에서 8분을 대기해야 한다.

20 ①

업체별 견적은 다음과 같다.

A사	(250페이지 × 40원 + 2,600 + 1,400) × 120부	1,680,000원
B사	[(250페이지 × 39원) + (3,200 + 1,300) × 0.9] × 120부	1,656,000원
C사	(250페이지 × 39원 + 3,500 + 1,600) × 120부	1,782,000원
D사	[(250페이지 × 41원) + 2,800 + 1,400] × 120부	1,734,000원

21 ③

A사	(300페이지 × 200원 + 5,500원−1,500원) × 150부	9,600,000원
B사	[(300페이지 × 210원) + (4,500원 × 0.9)] × 150부	10,057,500원
C사	[(300페이지 × 180원 + 4,300원)−2,000원] × 150부	8,445,000원
D사	(300페이지 × 205원) × 150부	9,225,000원

22 ②

2개 이상 프로젝트에 참여한 자는 양 사원, 윤 대리, 용 과장, 부 과장이며 이 중 가장 높은 점수를 받은 사람은 이 대리이다.

구분	K	P	H	계
양 사원	1.8		1.5	3.3
윤 대리	1.875	3	2.1	6.975
용 과장	4.125	2		6.125
장 대리		1		1
이 차장		2		2
부 과장		2	1.2	3.2
문 주임			1.2	1.2

23 ③

성과점수 계산으로 쉽게 해결할 수 있는 문제이다.
위 문제 해설의 표를 보면 용 과장의 성과급은 612,500원이다.

24 ④

B의 경우 포지션이 FW이며 출전 경기 수가 30경기, 20득점, 4도움이다. 따라서 팀 기여도는 2.0이고 최종연봉은 3.2억 원 ×2.0 = 6.4(억 원)이다.

C의 경우 포지션이 MF이며 출전 경기 수가 30경기, 11도움, 패스성공률이 78.2%이다. 따라서 팀 기여도는 2.0이고 최종 연봉은 2.1억 원×2.0 = 4.2(억 원)이다.

D의 경우 포지션이 MF이고 출전 경기 수가 29경기, 7도움, 패스성공률이 73.5%이다. 또한 퇴장과 실책이 모두 없으므로 0.1을 가산하여 팀 기여도는 1.1이고 최종연봉은 1.5억 원×1.1 = 1.65(억 원)이다.

E의 경우 포지션이 DF이고 출전 경기 수가 17경기이므로 팀 기여도는 0.50이다. 따라서 최종연봉은 1.0억 원×0.5 = 0.5(억 원)이다.

∴ (a) + (b) + (c) + (d) = 6.4 + 4.2 + 1.65 + 0.5 = 12.75 이다.

25 ③

③ 1억 원 이하를 받는 선수는 E이고 5억 원 이상을 받는 선수는 A, B로 선수의 수는 다르다.

① 6.75억 원으로 A선수가 가장 연봉이 많다.

② 출전 경기 수가 30경기 이상인 선수 A, B, C 모두 팀 기여도를 1.5 이상 받았다.

④ FW 포지션의 득점 합계는 38이고 MF 포지션의 도움 합계는 18로 차이는 20이다.

⑤ 득점이 가장 많은 선수는 B로 최종연봉은 두 번째로 높다.

제5회 직업기초능력평가

01. ⑤	02. ③	03. ②	04. ④	05. ①
06. ②	07. ④	08. ⑤	09. ①	10. ③
11. ②	12. ①	13. ④	14. ①	15. ③
16. ⑤	17. ③	18. ②	19. ⑤	20. ①
21. ①	22. ④	23. ②	24. ⑤	25. ②

01 ⑤

⑤ (가) 문단에서 '쿤은 패러다임과 실제 현상 간의 유사성을 포착해 범례로 만드는 과정을 통해 과학 발전이 이뤄진다고 보았다.'고 하였으므로 과학혁명뿐만 아니라 정상 과학 활동을 통해 과학 발전을 이룰 수 있다고 보았을 것이다.

① (가) 문단에서 '예를 들어 상대성 이론이 새로운 패러다임이 됐다면 그 이론이 해결한 여러 문제가 범례에 해당하고, 범례가 책에 등장하며 실험에 활용된다. 이와 같은 정상 과학 활동으로 패러다임이 확장된다.'고 하였다. 따라서 새로운 패러다임으로 전환이 이루어진다면 새로운 패러다임에 여러 현상이 어떻게 부합하는지를 익히는 정상 과학 활동이 이루어질 것이다.

② (라) 문단에서 '포퍼는 이론에서 예측이 틀리면 그 이론을 철회하는 반증 가능성이 과학의 특성이라고 말했다.'고 하였으므로 포퍼는 반례가 나타나면 기존 이론은 폐기된다고 본다. 그러나 쿤은 '관찰과 추론을 통한 실험이 객관적인 것처럼 보여도 모든 시대와 분야를 관통하는 중립성이란 존재할 수 없으며, 우리의 사고는 한정된 패러다임 안에서만 가능'하다고 하면서 실제 과학 활동에서는 이론을 바로 폐기하지는 않는다고 보았다. 이는 (다) 문단의 '실제 과학 활동에서 반증되는 것은 이론이 아니라 과학자이며, 과학자는 그 이론을 버리지 않고 수정해 나간다.'는 부분에서 더욱 잘 드러난다.

③ (나) 문단에서 '이때 새로운 패러다임은 기존 패러다임의 모든 면에서 우위에 있지 않다. 그저 기존 패러다임의 변칙사례를 효과적으로 해결할 뿐이다.'고 하였다. 이를 통해 새로운 패러다임이 기존 패러다임의 모든 면을 설명할 수는 없다는 것을 알 수 있다. 따라서 기존 패러다임에서 설명되었던 현상이 새로운 패러다임에서는 설명되지 않는 경우도 있을 것이라는 추론이 가능하다.

④ (라) 문단에서 '쿤은 이에 대해 관찰과 추론을 통한 실험이 객관적인 것처럼 보여도 모든 시대와 분야를 관통하는 중립성이란 존재할 수 없으며, 우리의 사고는 한정된 패러다임 안에서만 가능하다고 주장했다.'고 하였으므로 옳은 추론이다.

02 ③

(라) 포퍼의 반증주의에 대한 과학철학자 토머스 쿤의 문제점 지적, (가) 쿤이 생각하는 패러다임, (다) 포퍼의 반증주의와 실제 과학 활동, (나) 새로운 패러다임의 전환과 과학혁명 순으로 문단이 배열되는 것이 논리적으로 올바르다. 따라서 정답은 ③이다.

03 ②

② 첫 번째 문단 마지막 문장에서 중국은 한일 기본조약을 한국과 일본의 문제가 아니라 미국 제국주의의 산물로 여긴다는 부분과, 두 번째 문단에서 "따라서 한일수교는 양국간 교섭과는 관계 없이~", 마지막 문단에서 한일 기본조약은 미국이 만들어낸 결과라고 인식한다는 부분에서 추론할 수 있다.

① 해당 선지는 두 번째와 세 번째 문단의 내용만을 지지할 뿐 본문 전체를 포괄하지 못한다. 첫 번째 문단에서는 한일 기본조약이 일본 군국주의의 부활과 미국 제국주의의 산물임을 주장하고 있고, 중국 포위전략에 대한 내용은 없다.

③ 양국간 교섭이 아닌 미국의 의도에 따른 체결이었을 뿐, 의사에 반했는지 여부에 대하여는 전혀 제시되어 있지 않다.

④ 세 번째 문단만 포괄할 뿐 첫 번째와 두 번째 문단을 포괄하지 못한다.

⑤ 첫 번째 문단만 포괄할 뿐 나머지를 포괄하지 못한다.

04 ④

④ 중국은 '한일 기본조약'을 한국과 일본의 문제가 아니라 미국 제국주의의 산물이라고 여겼다.

05 ①

빈칸의 순서대로 편재 − 산재 − 혼재 − 잔재가 오는 것이 적절하다.

혼재는 '뒤섞이어 있음'을 의미하며, 잔재는 '과거의 낡은 사고방식이나 생활 양식의 찌꺼기'를 의미한다. 편재는 '한곳에 치우쳐 있음'을 뜻하는 단어이며, 산재는 '여기저기 흩어져 있음'을 의미한다.

06 ②

① 물질만능주의적 사회는 돈을 최상의 가치로 추켜올려 인간적 가치를 소외시켰다.
③ 자본주의는 가진 자와 가지지 못한 자의 경제적 격차를 더욱 크게 벌렸다.
④ 자본주의 체제의 도입 이후 정책가들이 문제점을 인식하여 다양한 정책적 시도를 하였지만 실제적 효과를 기대할 만한 해결책은 없었다.
⑤ 공리적 자본주의는 자본주의의 기본 성격을 잃지 않는 범위에서 인간의 기본권 영역이라는 마지노선의 영역을 지켜줄 수 있는 대안적 성격의 자본주의로 인정받았다.

07 ④

④ 2023년에 처음 시연됐는지는 자료의 내용만으로 알 수 없다.

08 ⑤

(A)와 (B)의 내용은 각각 '영업열차 자동검측시스템'과 '철도시설물 자율주행 점검 로봇' 도입에 관한 것으로, 이는 철도시설물을 자동점검해 철도안전을 꾀할 수 있다는 것이 공통점이다. 이를 제목에 담은 것은 ⑤이다.
②와 ③은 (A), ①과 ④는 (B)의 내용과 부합하는 제목이다.

09 ①

부채의 경우 소계가 나와 있기에 그대로 보면 되지만 자본의 경우에는 해당 구성 부분을 다 더해야 한다. 더하기 전에 전반적으로 훑어보면 우선 서울본사의 부채가 가장 크고, 자본도 월등히 큰 값을 가지고 있기 때문에 총액이 가장 큰 곳은 서울본사일 가능성이 높다. 서울본사 자본액 중 이익잉여금(F)이 가장 큰 마이너스 값을 가지고 있지만 이를 고려하더라도 총액이 가장 큰 곳은 서울본사이다.
광주지사의 경우 부채도 작고 자본금이 1조 7,600억 원으로 가장 적은 데 비해, 이익잉여금 역시 대전지사와 비슷하기 때문에 총액이 가장 작다.

10 ③

③ 서울본사를 제외하고 전년 대비 부채비율이 가장 많이 증가한 곳은 대전지사이다.
① 절댓값이 아니라 값이라고 했기 때문에 양수 값 중 가장 큰 곳을 선택하면 되므로 맞는 설명이다.
② $\frac{4,605}{6,197} \times 100 = 74.31(\%)$이므로 50% 이상이다.
④ 전년 대비 총액의 증가율이 양수 값이기 때문에 맞는 설명이다.
⑤ 인천지사의 자본은 전년 대비 125% 증가하였기 때문에 전년 자본을 x, 올해 자본을 1이라 전제하면,
$x \times 1.25 = 1$

$\therefore x = 0.8$

전년 자본은 2023년의 80% 수준이다. 2023년 자본액의 합은 3조 7,860억 원으로 전년 자본은 80%인 3조 288억 원이다. 따라서 2022년도 인천지사 자본액은 3조 원이 넘는다.

11 ②

출자 자본금의 순위가 곧 지분율의 순위이므로 지분율이 가장 큰 국가는 세네갈이다.
세네갈의 지분율은 $\frac{211}{10,000} \times 100 = 2.11(\%)$이다.

12 ①

① 한국의 지분율은 3.81%이고 독일의 지분율은 4.57%로 0.76%p의 차이가 나므로 지분율 차이는 0.7%p 이상이다.
② 현재 출자 자본금은 186억 원 차이가 나므로, 러시아가 186억 원을 더 출자한다면 지분율은 같아진다.
③ 상위 3개 회원국의 투표권 비율을 모두 합하면 39.5%이다.
④ 두 국가의 차이는 0.02%p이다.
⑤ 한국과 호주의 IBRD 지분율을 바탕으로 출자 자본금을 구하면,
한국 출자 자본금(x) → $\frac{x}{10,000} \times 100 = 3.81$ → $x = 381$ (억 원)
호주 출자 자본금(y) → $\frac{x}{10,000} \times 100 = 3.6$ → $y = 360$(억 원)
따라서 두 출자 자본금은 21억 원 차이가 난다.

13 ④

ⓒ 2018년 국내 보급형 스마트폰 보유 대수는 전년 대비 $\frac{842-826}{842} \times 100 ≒ 1.9(\%)$ 감소하였다.
ⓔ 2020년 대비 2024년 국내 보급형 스마트폰은 50% 감소한 427만 대, 국외 보급형 스마트폰은 20% 증가한 약 481만 대로 국외 보급형 스마트폰 보유 대수가 더 많다.
ⓐ 국외의 플래그십형과 보급형 모두 2021년 전년 대비 변화가 없거나 증가하였다.
ⓑ 2023년 국내 보급형 스마트폰 보유 대수는 국외 보급형 스마트폰의 $\frac{1,080}{286} ≒ 3.8$(배)이다.

14 ①

20231년 전체 스마트폰 중 국내 스마트폰이 차지하는 비율은 $\frac{467+1,080}{467+1,080+630+286} \times 100 ≒ 62.8(\%)$이다. 이때, 2023년 국내 스마트폰이 차지하는 비율은 2022년 대비 4.2%p 상승하였으므로 2022년 국내 스마트폰이 차지하는 비율은 62.8 − 4.2 = 58.6(%)이다.

2022년 국내 스마트폰 플래그십형 대수를 x(만 대)라 하면 보급형 대수는 $2x$(만 대)이므로

$$\frac{x+2x}{x+2x+675+338} \times 100 = 58.6(\%) \text{이다.}$$

$3x \times 100 = 58.6 \times (3x + 1013)$

$300x = 175.8x + 59361.8$

$\therefore x = 478$

따라서 국내 보급형 스마트폰 보유 대수는

$2x = 2 \times 4,780,000 = 9,560,000$(대)이다.

15 ③

③ 20대 이하는 분석 대상자 수와 진단율이 모두 가장 낮으므로 계산하지 않고, 30대와 40대만 비교한다. 이때, 40대가 30대보다 분석 대상자 수와 진단율이 모두 높으므로 비타민 D 결핍증으로 진단을 받은 인원수 또한 40대가 30대보다 많다. 따라서 옳지 않은 설명이다.

① 비타민 D 결핍증 분석 대상자 수가 가장 많은 경기 지역과 가장 적은 세종 지역의 진단율의 차이는 26.8%－25.7% = 1.1(%p)이므로 옳은 설명이다.

② 대전과 전북지역의 비타민 D 결핍증으로 진단을 받은 인원수의 차이는 $(2,485 \times 0.253) - (2,367 \times 0.243) = 54$(명)이므로 옳은 설명이다.

④ 비타민 D 결핍증으로 진단을 받은 인원수는 여성이 $30,229 \times 0.23 = 6,953$(명), 남성이 $29,811 \times 0.261 = 7,781$(명)이고, 그 합은 $6,953 + 7,781 = 14,734$(명)이므로 옳은 설명이다.

⑤ 부산지역보다 비타민 D 결핍증 진단율이 높은 지역은 서울, 세종, 경기, 전북으로 총 4개이므로 옳은 설명이다.

16 ⑤

비타민 D 결핍증 분석 대상자 수가 경기지역의 25% 미만인 지역은 분석 대상자 수가 $12,798 \times 0.25 = 3,199.5$(명) 미만이어야 하고, 그 지역은 부산, 대전, 전북, 인천, 울산, 충북, 강원, 세종이므로 ©, ㉣이 각각 충북 또는 강원이다.

전북에서 비타민 D 결핍증으로 진단을 받은 인원수는 2,485 × 0.253 = 628.705(명)이고, 이보다 많은 지역이 서울, 인천, 광주, 경기, 대구이므로 ㉠, ㉡이 각각 광주 또는 대구이다.

울산의 진단율은 23.1%이므로 진단율이 울산지역과 0.5%p 이하로 차이가 나려면 진단율이 22.6%~23.6%이어야 한다. 이에 해당하는 지역이 강원, 대구이므로 ㉡, ㉣이 각각 강원 또는 대구이다.

따라서 ㉠은 광주, ㉡은 대구, ㉢은 충북, ㉣은 강원이다.

17 ③

각 음식점의 항목별 점수를 계산하면 다음과 같다.

평가항목 / 음식점	음식 종류	이동 거리	가격	맛 평점	룸 예약	총점
천안문	2점	4점	5점	1점	1점	13점
부오나 세라	4점	3점	4점	2점	1점	14점
창경궁	5점	5점	2점	3점	－	15점
아사쿠사	3점	1점	3점	4점	－	11점
창덕궁	5점	2점	1점	5점	－	13점

따라서 승관이가 고를 회식 장소는 '창경궁'이다.

18 ②

각 음식점의 항목별 점수를 계산하면 다음과 같다.

평가항목 / 음식점	음식 종류	이동 거리	가격	맛 평점	룸 예약	총점
천안문	4점	8점	10점	2점	2점	26점
부오나 세라	10점	6점	8점	4점	2점	30점
창경궁	6점	10점	4점	6점	－	26점
아사쿠사	8점	2점	6점	8점	－	24점
창덕궁	6점	4점	2점	10점	－	22점

따라서 승관이가 고를 회식 장소는 '부오나 세라'이다.

19 ⑤

32명을 수용할 수 없는 체육관을 제외하고 4개 이상의 종목을 경기할 수 있는 체육관은 C, D, F, G, H이고 이들 중 거리가 가장 가까운 세 곳은 C, D, F이다.

20 ①

한 차량에 6명까지 탈 수 있으므로 32명이 이동하기 위해 필요한 차량은 6대이다. 이때 6대 주차가 가능한 곳은 A, C, D, G, H인데, 수용 인원이 30명인 A는 제외한다. 나머지 체육관 중 경기가능 종목이 많은 곳은 C, G이다. 따라서 M태권도학원은 둘 중 대관료가 더 저렴한 C를 예약하게 된다.

21 ①

인천국제공항은 신용등급과 자본총계 중에서 신용등급만을 평가한다. 따라서 주어진 정보로 배점비율을 반영해 총점을 구하면 다음과 같다.

구분	계량평가(점)				총점
	신용등급	사업실적	가격평가		
			납부	기간	
갑	100	10	95	50	255
을	95	20	90	20	225
병	90	20	100	40	250
정	85	30	95	30	240
무	80	15	95	50	240

따라서 우선협상 대상자가 될 수 있는 업체는 총점이 가장 높은 '갑'이므로 정답은 ①이다.

22 ④

김해국제공항은 신용등급과 자본총계 중 득점이 높은 것을 반영해야 하므로 두 항목을 비교해야 한다. 주어진 정보와 조정된 배점 비율을 반영해 총점을 구하면 다음과 같다.

구분	계량평가(점)					총점
	신용등급	자본총계	사업실적	가격평가		
				납부	기간	
갑	100	90	25	47.5	50	222.5(신용등급)
을	95	100	50	45	20	215(자본총계)
병	90	95	50	50	40	235(자본총계)
정	85	95	75	47.5	30	247.5(자본총계)
무	80	85	37.5	47.5	50	220(자본총계)

따라서 연면적과 평가비율 변경에 따른 우선협상 대상업체는 '정'이 되므로 정답은 ④이다.

23 ②

A~E 각각의 최종 평가 점수를 계산하면
A : $(3 + 5 + 2 + 4 + 3 + 4) \times 0.3 + (2 + 4 + 4 + 3) \times 0.35 + (2 + 3 + 1) \times 0.35 = 6.3 + 4.55 + 2.1 = 12.95$(점)
B : $(4 + 2 + 2 + 3 + 5 + 5) \times 0.3 + (4 + 3 + 2 + 1) \times 0.35 + (5 + 2 + 2) \times 0.35 = 6.3 + 3.5 + 3.15 = 12.95$(점)
C : $(3 + 1 + 2 + 2 + 5 + 4) \times 0.3 + (4 + 3 + 5 + 2) \times 0.35 + (3 + 1 + 4) \times 0.35 = 5.1 + 4.9 + 2.8 = 12.8$(점)
D : $(4 + 2 + 5 + 1 + 4 + 3) \times 0.3 + (3 + 5 + 3 + 1) \times 0.35 + (2 + 5 + 4) \times 0.35 = 5.7 + 4.2 + 3.85 = 13.75$(점)
E : $(5 + 3 + 4 + 2 + 3 + 4) \times 0.3 + (4 + 3 + 2 + 5) \times 0.35 + (2 + 3 + 4) \times 0.35 = 6.3 + 4.9 + 3.15 = 14.35$(점)
이때 A와 B의 점수가 같으므로 업무능력 점수가 4.55점으로 더 높은 A의 최종평가점수에 0.1점을 가산하여 A의 최종 점수는 13.05점이다. 따라서 본사에 우선 배치되는 3명은 A, D, E이다.

24 ⑤

A~E 각각의 최종 평가 점수를 계산하면
A : $(2 + 4 + 4 + 3) \times 0.6 + (2 + 3 + 1) \times 0.4 = 7.8 + 2.4 = 10.2$(점)
B : $(4 + 3 + 2 + 1) \times 0.6 + (5 + 2 + 2) \times 0.4 = 6 + 3.6 = 9.6$(점)
C : $(4 + 3 + 5 + 2) \times 0.6 + (3 + 1 + 4) \times 0.4 = 8.4 + 3.2 = 11.6$(점)
D : $(3 + 5 + 3 + 1) \times 0.6 + (2 + 5 + 4) \times 0.4 = 7.2 + 4.4 = 11.6$(점)
E : $(4 + 3 + 2 + 5) \times 0.6 + (2 + 3 + 4) \times 0.4 = 8.4 + 3.6 = 12$(점)
이때, C와 D의 점수가 같으므로 업적 점수가 4.4점으로 더 높은 D의 최종평가 점수에 0.1점을 가산하면 D의 최종 점수는 11.7점이 되므로 본사에 우선 배치되는 사람은 D와 E이다.

25 ②

지원자 중 윤정한은 화요일과 목요일 오전 8시에서 오후 4시 사이에 근무가 가능하다. 월요일과 수요일, 금요일 같은 시간대에 근무가 가능한 지원자는 홍지수와 이지훈인데, 우대 조건에 따라 홍지수를 채용하게 된다. 따라서 윤정한과 홍지수에게 먼저 연락해야 한다.

코레일
한국철도공사
직업기초능력평가

박문각

코레일
한국철도공사

직업기초능력평가
봉투모의고사

/

5회

박문각

제5회 직업기초능력평가
(25문항 / 30분)

[01~02] 다음 글을 읽고 이어지는 물음에 답하시오.

(가) 여기서 쿤이 말하는 패러다임은 특정 시대 과학자들이 공유하는 인식 및 지식 체계로, 패러다임이 되려면 과학자들이 범례를 이용해 정상 과학 활동을 해야 한다. 쿤은 패러다임과 실제 현상 간의 유사성을 포착해 범례로 만드는 과정을 통해 과학 발전이 이뤄진다고 보았다. 즉 과학자들은 여러 현상이 어떻게 패러다임에 부합하는지를 익히는 정상 과학 활동을 하게 되고, 이것이 과학 발전으로 이어진다는 것이다. 예를 들어 상대성 이론이 새로운 패러다임이 됐다면 그 이론이 해결한 여러 문제가 범례에 해당하고, 범례가 책에 등장하며 실험에 활용된다. 이와 같은 정상 과학 활동으로 패러다임이 확장된다.

(나) 한편 기존 패러다임에 변칙사례가 많아지고, 이에 따라 과학자들의 심리 불안이 고조되며, 변칙을 확실히 해결하는 대안이 등장하면 새로운 패러다임으로 전환되면서 과학혁명이 일어난다. 이때 새로운 패러다임은 기존 패러다임의 모든 면에서 우위에 있지 않다. 그저 기존 패러다임의 변칙사례를 효과적으로 해결할 뿐이다.

(다) 정상 과학 시기에 과학자들은 논리 실증주의자처럼 사례를 모으지도 않지만, 반증주의자처럼 반례를 찾지도 않는다. 과학자들은 이미 해답도 있고, 해답을 찾는 방법도 주어진 상태에서 과학을 한다. 실제 과학 활동에서 한 이론에 근거한 연구 결과가 의도한 대로 나오지 않는다면 그 이론을 의심하기보다 자신의 실험에서 문제점을 찾는다. 이는 포퍼의 주장에 반대되는 것으로, 실제 과학 활동에서 반증되는 것은 이론이 아니라 과학자이며, 과학자는 그 이론을 버리지 않고 수정해 나간다.

(라) 미국의 과학철학자 토머스 쿤은 포퍼의 반증주의의 문제점을 지적했다. 포퍼는 이론에서 예측이 틀리면 그 이론을 철회하는 반증 가능성이 과학의 특성이라고 말했다. 그러나 실제 과학에서는 기존의 이론을 뒤집는 실험 결과가 있다고 해도 그 이론을 바로 폐기하지는 않는다. 쿤은 이에 대해 관찰과 추론을 통한 실험이 객관적인 것처럼 보여도 모든 시대와 분야를 관통하는 중립성이란 존재할 수 없으며, 우리의 사고는 한정된 패러다임 안에서만 가능하다고 주장했다.

01 다음 글에서 추론할 수 없는 것은?

① 과학혁명이 완성되면 새로운 패러다임하에서 정상 과학 활동이 이뤄진다.
② 반례가 기존 이론에 미치는 영향에 대해 포퍼와 쿤은 다른 생각을 가지고 있다.
③ 기존 패러다임에서 설명되었던 현상이 새로운 패러다임에서는 설명되지 않는 경우도 있을 것이다.
④ 시대와 분야를 아우르는 보편적인 중립성의 존재에 대해 쿤은 부정적으로 바라보고 있다.
⑤ 쿤에 의하면 새로운 패러다임으로 전환되는 과학혁명을 통해서야만 비로소 과학은 발전할 수 있다.

02 다음 글의 (가)~(마)를 문맥이 자연스럽게 연결되도록 알맞게 배열한 것은?

① (가) - (다) - (라) - (나)
② (다) - (나) - (가) - (라)
③ (라) - (가) - (다) - (나)
④ (가) - (라) - (나) - (다)
⑤ (나) - (다) - (라) - (가)

[03~04] 다음 글을 읽고 이어지는 물음에 답하시오.

중국은 원칙적으로 '한일 기본조약' 체결을 미국의 세계질서 구도하에서 나타난 현상으로 인식한다. 또한 미국의 의지가 개입된 일본 군국주의의 부활로 받아들이고 있다. 특히 중국은 기본적으로 일본에 대한 미국의 적극적인 지원이 바로 일본 군국주의를 부활시키고 있다는 시각을 오래 전부터 가지고 있었다. 따라서 중국은 이러한 미국의 음모를 타개하기 위하여 일본 공산당, 남조선 인민, 일본의 진보주의자들, 아시아인들이 연대하여야 한다고 일관되게 강조하고 있다. 이러한 연장선 위에서 '한일 기본조약'에 대한 반대는 곧 일본 군국주의 부활에 대한 반대이고, 미국의 베트남과 아시아 침략에 대한 반대로 간주되었다. 즉 중국은 기본적으로 '한일 기본조약'을 한국과 일본의 문제가 아니라 미국 제국주의의 산물로 여긴다는 것이다.

비슷한 맥락에서, 중국은 '한일 기본조약' 체결을 아시아인에 대한 침략과 도전으로 인식한다. 미국이 한국과 일본을 이용하여 중국을 포위하는, 즉 아시아로 아시아를 치는 이이제이 전략을 추진한다고 보는 것이다. 한편 이는 종국적으로 미국의 중국에 대한 침략 준비의 일환이 아닌가 하는 의구심을 갖고 있었다. 따라서 한일수교는 양국간 교섭과는 관계 없이, 중국이 아닌 아시아 차원으로 전선을 확대하는 효과를 노리는 것으로 이해한다는 점이다. 이처럼 중국은 '한일 기본조약'을 베트남 전쟁 참전 등 일련의 사건들과 엮어 미국의 아시아 이이제이 전략의 결과로 해석하고, 이를 아시아의 보편적 인식으로 확산시키고자 하는 의도를 가졌다.

중국의 인식에 따르면, 미국은 전후 한국과 일본 점령을 통해서 서방의 정치제도를 이식시키고, 한국과 일본을 자본주의 진영으로 묶어서 공산주의에 대항하게끔 한 것이다. 그 결과 미국은 한국과 일본에 안보 차원의 자원을 제공해주고 안전보장을 도모하게 했다. 또한 자유와 민주라는 이름으로 일치된 가치를 이식하여 한국과 미국, 일본이 삼각 동맹체제로 진화하도록 하였다. 한편 이들은 중국을 포위하여 미국이 견제하기 쉽게 한다. '한일 기본조약' 역시 같은 의도로 미국이 만들어낸 결과이다. 이처럼 이들 동아시아 국가에 대한 미국의 행동이 모두 전략적으로 계산된 결과라는 것이다.

이처럼 중국은 한일수교에 대해 '[   ]'라는 시각을 가지고 있다.

03 다음 글의 빈칸에 들어가기에 가장 적절한 것은?

① 오직 중국만을 포위하기 위한 미국의 전략이다.
② 당사국 간 진정한 교섭에 따른 협정 체결이 아니었다.
③ 한국과 일본의 의사에 반하는 협정 체결이다.
④ 공산주의에 대항하기 위한 전략이다.
⑤ 일본 군국주의 부활의 신호탄이다.

04 윗글에 대한 설명으로 옳지 않은 것은?

① 미국은 동아시아 국가에서 중국을 견제하기 위해 삼각 동맹체제를 맺었다.
② 중국은 미국에 의한 일본 군국주의 부활을 막기 위해 일본 공산당, 남조선 인민 등이 연대해야 한다고 주장했다.
③ 중국은 미국이 '한일 기본조약'을 통해 이이제이 전략을 추진한다고 보았다.
④ 중국은 '한일 기본조약'을 일본 제국주의의 산물이라고 여겼다.
⑤ 중국은 미국이 아시아 차원으로 전선을 확대하기 위해 한일수교를 이용했다고 보았다.

[05～06] 다음 글을 읽고 이어지는 물음에 답하시오.

자본주의는 가진 자와 가지지 못한 자의 경제적 격차를 더욱 크게 벌리는 결과를 가져왔다. 자본주의가 표면적으로는 누구에게나 더 나은 삶을 위한 기회를 제공하고 있으나, 그 기회 자체가 가진 자들에게 집중되어 있음은 부정하기 어려운 현실이다. 자본이 단순히 돈의 가치를 넘어서 현대 사회에서 권력으로 치부된다는 점에서 부의 ⑦ 는 곧 권력의 쏠림 현상을 의미하기도 한다. 이렇듯 이미 기회를 선점한 몇몇 재력가들이 세계 경제를 쥐락펴락할 만한 규모의 막대한 재산을 통해 자신들의 세력을 확장하는 것은 자본주의 사회가 안고 있는 대표적 병폐이다.

자본주의 체제의 도입 이후 대다수의 사람들과 많은 정책가들이 이미 이에 대한 문제점을 인식하고 상황을 개선하기 위해 노력하고 있지만, 자본주의로 인해 파생되어 도처에 ⓒ 한 문제들을 해결해 나가는 것은 결코 쉬운 일이 아니다. 지금껏 이로 인해 발생한 문제를 해결하기 위해 다양한 정책적 시도가 있었으나, 안타깝게도 인류는 지금까지 실제적 효과를 기대할 만한 해결책을 찾지 못하고 있다.

일부 정책가들에 의해 자본주의의 단점을 상쇄하기 위해 공리주의나 공산주의 등 사회 차원에서의 부의 재분배를 목적으로 하는 이론들과 자본주의를 결합하여 시행하여야 한다는 주장이 나오기도 했다. 그 내용적인 측면으로 보았을 때 자본주의와 공산주의는 목표로 하는 바가 가장 반대되는 개념이므로 상반된 이념과 사상의 ⓒ 로 인한 사회적 혼란이 야기될 수 있다는 도입 초창기의 반대 의견이 있었으나, 이러한 우려와는 달리 공리적 자본주의의 실현은 자본주의의 기본 성격을 잃지 않는 범위에서 인간의 기본권 영위라는 마지노선의 영역을 지켜줄 수 있는 대안적 성격의 자본주의로 인정받고 있다.

자본주의 사회에서는 얼마나 많은 부를 축적했는지가 한 인간의 가치를 증명하는 수치로 여겨지기도 한다. 이러한 물질만능주의적 사회 분위기는 개별적인 인간보다 물질적 가치를 더욱 숭배하는 사회적 풍조를 낳았다. 진정한 의미의 인간적 자본주의를 이룩하기 위해서는 인간적 가치를 소외시키고 돈을 최상의 가치로 추켜올려 인간 스스로가 인간의 존엄성을 간과했던 초기 자본주의 병폐의 ⓔ 를 청산해야 한다.

05 다음 글의 빈칸 ⑦~ⓔ에 들어갈 단어가 바르게 짝지어진 것을 고르면?

	⑦	ⓒ	ⓒ	ⓔ
①	편재(偏在)	산재(散在)	혼재(混在)	잔재(殘滓)
②	편재(偏在)	산재(散在)	잔재(殘滓)	혼재(混在)
③	잔재(殘滓)	편재(偏在)	혼재(混在)	산재(散在)
④	잔재(殘滓)	혼재(混在)	편재(偏在)	산재(散在)
⑤	산재(散在)	혼재(混在)	편재(偏在)	잔재(殘滓)

06 윗글에 대한 설명으로 옳은 것은?
① 물질만능주의적 사회 분위기는 부의 축적을 통해 인간의 존엄성을 높였다.
② 정책가들은 자본주의에 공리주의나 공산주의를 결합해야 한다고 주장하였다.
③ 자본주의는 더 나은 삶을 위해 가진 자와 가지지 못한 자에게 평등하게 기회를 제공하였다.
④ 자본주의 체제 도입 이후 정책가들의 문제점 인식과 다양한 정책 시도로 상황을 개선하였다.
⑤ 공리적 자본주의는 사회적 혼란을 야기할 수 있어 대안적 성격의 자본주의로 인정받지 못했다.

[07~08] 다음은 코레일의 자동검측시스템 및 자율주행 점검 로봇을 활용한 점검시스템과 관련된 보도자료이다. 이를 보고 이어지는 물음에 답하시오.

(A) 한국철도공사(코레일)가 승객을 태운 영업열차에서 철도시설물을 자동으로 점검하는 검측시스템을 선보였다. 코레일은 2023년 12월 21일 경부선 천안~김천역 구간에서 달리는 열차에서 선로이상 등을 점검하는 '영업열차 자동검측시스템'을 ITX-새마을에서 처음으로 시연했다고 밝혔다. 국가 R&D 사업으로 2010년부터 추진된 이 검측시스템은 코레일과 선로·전차선 등 5개 철도 기술분야 IT기업이 공동으로 개발에 참여했다. 별도의 검측 전용장비(궤도검측차)를 운행해야 하는 제약을 벗어나 각기 다른 검측모듈을 설치한 영업열차에서 상시운행하며 시설물을 종합적으로 점검할 수 있다.

세부 점검항목은 △열차에 전기를 공급하는 전차선의 높이와 마모도 △전차선 까치집 등 이물질 △신호기 작동 △선로의 변형과 구성 부품의 상태 △열차운행에 따른 시설물 영향 △기타 안전장치의 이상 유무 등 17가지 항목이다. 검측시스템이 탐지한 정보는 인공지능(AI)을 활용한 시스템에 의해 이상 유무를 판단하고 즉시 유지보수 관리자에게 '위치' 등의 정보와 함께 이를 통보해 실시간 열차운행 안전을 확보할 것으로 기대된다. 코레일은 2024년 1월부터 유지보수 관리자에게 통보하는 시스템을 추가로 설치해 실제 운행하는 영업열차 1대에서 정기적으로 자동검측을 진행할 계획이다.

코레일은 상태기반 유지보수(CBM)인 이번 시스템을 더욱 확대해 철도 유지보수 체계의 과학화와 디지털화에 앞장선다는 계획을 밝혔다.

(B) 한국철도공사(코레일)가 2023년 12월 4일 오후 인공지능을 활용한 '철도시설물 자율주행 점검 로봇'을 개발해 대전 시설장비사무소에서 시연회를 열었다. '철도시설물 자율주행 점검 로봇'은 LTE 통신망, 카메라와 라이다(Lidar) 센서를 장착하고 지정한 장소까지 자율주행으로 선로를 이동한다. 열차운행에 방해되는 지장물을 발견하면 영상과 알람을 작업자에게 실시간 전송하는 시스템이다. 코레일은 태풍, 호우 등으로 열차 운행이 어렵거나 작업자 접근이 위험한 장소에서 선로 상태를 미리 확인하기 위해 투입할 예정이다. 자율주행 점검 로봇은 신속하고 안전한 점검이 가능해 철도사고 예방과 작업능률을 향상시킬 것으로 기대한다. 코레일은 2023년 말까지 철도시설물 자율주행 점검 로봇의 시험운영을 마치고 2024년 상반기 상용화에 나설 계획이다.

---

07 위 보도자료의 내용과 일치하지 않는 것은?

① 영업열차 자동검측시스템은 5개 철도 기술분야 IT기업들이 공동으로 개발했다.

② 2024년 1월부터 실제 운행하는 열차에서 시설물의 이상 유무를 즉시 유지보수 관리자에게 알리는 자동검측이 진행된다.

③ 영업열차 자동검측시스템은 2010년부터 추진되어 왔으며, 2023년 12월 처음 시연됐다.

④ 철도시설물 자율주행 점검 로봇은 2023년 처음 시연됐으며, 2024년에 상용화할 계획이다.

⑤ 철도시설물 자율주행 점검 로봇은 사람이 접근하기 위험한 상황에서 선로의 상태를 확인할 수 있어, 작업능률을 향상시킬 수 있을 것으로 기대된다.

08 위 (A), (B) 보도자료의 공통된 제목으로 가장 적절한 것은?

① 코레일, 2024년부터 인공지능으로 선로 유지보수한다

② 코레일, 영업열차 자동검측시스템 선보여

③ 인공지능으로 선로이상 등 17가지 점검을 한번에

④ 철도시설물 자율주행 점검 로봇으로 선로 유지보수 과학화

⑤ 코레일, '디지털 혁신'으로 철도안전 지킨다

[09～10] 다음은 2023년 코레일의 재무상태를 나타낸 자료이다. 이를 보고 이어지는 물음에 답하시오.

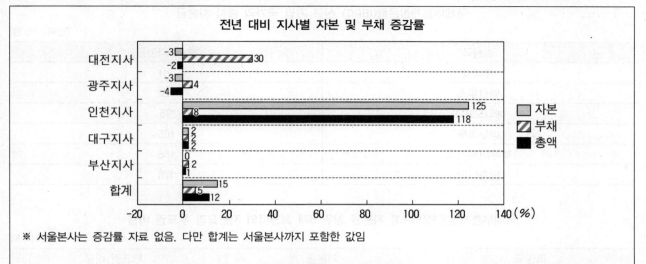

전년 대비 지사별 자본 및 부채 증감률

※ 서울본사는 증감률 자료 없음. 다만 합계는 서울본사까지 포함한 값임

2023년 코레일 재무상태

(단위 : 10억 원)

행정 구역별	부채(C=A+B)			자본(I=D+E+F+G+H)				
	소계 (C)	유동부채 (A)	비유동부채 (B)	자본금 (D)	자본잉여금 (E)	이익잉여금 (F)	자본조정 (G)	기타포괄손익 누계액(H)
	소계	소계	소계	소계	소계	소계	소계	소계
합계	6,197	1,488	4,709	36,766	−511	−18,387	2,179	2,832
부산지사	920	174	746	4,940	−1,491	0	0	0
대구지사	448	203	245	6,317	306	−2,295	0	0
인천지사	163	48	115	2,137	674	−1,204	2,179	0
광주지사	31	5	26	1,760	0	−507	0	0
대전지사	29	7	22	2,085	0	−551	0	0
서울본사	4,605	1,051	3,554	19,527	0	−13,829	0	2,832

09 자본과 부채를 합한 것을 총액이라고 할 때, 2023년도 총액이 가장 큰 곳과 가장 작은 곳을 각각 고르면?

① 서울, 광주
② 대구, 광주
③ 대구, 부산
④ 서울, 대구
⑤ 부산, 광주

10 위 자료를 통해 알 수 있는 내용이 아닌 것은?

① 자본잉여금이 가장 큰 값을 가지는 곳은 인천지사이다.
② 2023년도 부채의 절반 이상을 서울본사가 차지한다.
③ 서울본사를 제외하고 전년 대비 부채율이 가장 많이 증가한 곳은 인천지사이다.
④ 코레일 전체의 총액은 전년 대비 증가하였다.
⑤ 2022년도 인천지사 자본액은 3조 원이 넘을 것이다.

[11~12] 다음 자료를 보고 이어지는 물음에 답하시오.

국제부흥개발은행(IBRD) 신규 가입 국가의 출자 자본금

(단위 : 억 원)

회원국	출자 자본금
세네갈	211
벨라루스	122
에티오피아	95
바누아투	165
파푸아뉴기니	156
탄자니아	175

국제부흥개발은행(IBRD) 지분율 상위 8개 회원국의 지분율과 투표권 비율

(단위 : %)

회원국	지분율	투표권 비율
한국	3.81	3.50
인도	8.52	7.51
중국	30.34	26.06
러시아	6.66	5.93
독일	4.57	4.15
호주	3.6	3.46
프랑스	3.44	3.19
인도네시아	3.42	3.17

※ 회원국의 지분율(%) = $\dfrac{\text{해당 회원국이 IBRD에 출자한 자본금}}{\text{IBRD의 자본금 총액}} \times 100$

※ 지분율과 투표권 비율은 비례하고, IBRD의 자본금 총액은 1조 원이다.

11 국제부흥개발은행(IBRD) 신규 가입 국가의 출자 자본금을 바탕으로 지분율을 구했을 때 지분율이 가장 큰 국가와, 그 지분율을 순서대로 바르게 나열한 것은?

① 세네갈, 0.21%
② 세네갈, 2.11%
③ 에티오피아, 0.95%
④ 탄자니아, 1.75%
⑤ 탄자니아, 2.11%

12 위 자료에 대한 설명으로 옳은 것은?

① 한국과 독일의 지분율 차이는 0.7%p 이상이다.
② 러시아가 자본금을 186억 원 더 출자한다면 지분율은 인도의 지분율보다 높아질 것이다.
③ 지분율 상위 3개 회원국의 투표권 비율을 합하면 40% 이상이다.
④ 프랑스의 투표권 비율은 인도네시아와 0.2%p 차이 난다.
⑤ 한국은 IBRD 지분율 5위로 6위인 호주와 약 2억 원의 출자 자본금 차이가 난다.

[13~14] 다음은 우리나라의 연도별 스마트폰 보유 현황이다. 이를 보고 이어지는 물음에 답하시오.

우리나라의 연도별 스마트폰 보유 현황

(단위 : 만 대)

구분		2016년	2017년	2018년	2019년	2020년	2021년	2022년	2023년
국내	플래그십형	480	485	540	467	469	452	(A)	467
	보급형	972	842	826	823	854	835	(B)	1,080
국외	플래그십형	1,323	1,223	723	721	720	720	675	630
	보급형	718	642	524	468	401	403	338	286

13 위 자료를 보고 〈보기〉에서 옳은 것만을 모두 고르면?

┌─ 보기 ┌
│ ㉠ 국외의 플래그십형과 보급형 스마트폰 모두 매년 보유 대수가 감소하고 있다.
│ ㉡ 2018년 국내 보급형 스마트폰 보유 대수는 전년 대비 1.5% 이상 감소하였다.
│ ㉢ 2023년 국내 보급형 스마트폰 보유 대수는 국외 보급형 스마트폰의 4배 이상이다.
│ ㉣ 2020년 대비 2024년 보급형 스마트폰 보유 대수가 국내는 50% 감소하고, 국외는 20% 증가한다면 국외
│   보급형 스마트폰 보유 대수가 국내 보급형 스마트폰 보유 대수보다 많다.

① ㉠, ㉡   ② ㉠, ㉢
③ ㉡, ㉢   ④ ㉡, ㉣
⑤ ㉢, ㉣

14 2023년 전체 스마트폰 중 국내 스마트폰이 차지하는 비율은 전년 대비 4.2%p 상승했고 2022년 국내 스마트폰의 플래그십형과 보급형의 대수의 비가 1 : 2라고 한다. 2022년 국내 스마트폰 중 보급형 스마트폰 보유대수는? (단, 비율은 소수점 둘째 자리에서, 스마트폰 대수는 소수점 첫째 자리에서 반올림한다.)

① 9,560,000대   ② 10,020,000대
③ 10,420,000대   ④ 11,560,000대
⑤ 12,520,000대

[15~16] 다음은 연령대별, 성별, 지역별 비타민 D 결핍증 의사 진단율에 대한 자료이다. 이를 보고 이어지는 물음에 답하시오.

연령대별·성별 비타민 D 결핍증 의사 진단율

(단위 : 명, %)

구분		분석 대상자 수	진단율
전체	소계	60,040	24.6
연령대별	20대 이하	9,847	20.0
	30대	10,092	23.8
	40대	10,290	24.9
	50대 이상	9,260	25.9
성별	여성	30,229	23.0
	남성	29,811	26.1

12개 지역별 비타민 D 결핍증 의사 진단율

(단위 : 명, %)

구분	분석 대상자 수	진단율
서울	8,771	25.6
부산	2,441	24.7
㉠	3,818	22.0
인천	3,066	23.7
㉡	3,398	23.4
울산	1,943	23.1
세종	944	26.8
경기	12,798	25.7
㉢	2,273	23.9
대전	2,367	24.3
전북	2,485	25.3
㉣	2,262	23.5

15 위 자료에 대한 설명으로 옳지 않은 것은?

① 비타민 D 결핍증 분석 대상자 수가 가장 많은 지역과 가장 적은 지역의 진단율의 차이는 1%p 이상이다.
② 대전과 전북지역의 비타민 D 결핍증으로 진단을 받은 인원수의 차이는 60명 미만이다.
③ 40대 이하에서 비타민 D 결핍증으로 진단을 받은 인원수가 가장 많은 연령대는 30대이다.
④ 여성과 남성이 비타민 D 결핍증으로 진단을 받은 인원수의 합은 15,000명 미만이다.
⑤ 부산지역보다 비타민 D 결핍증 진단율이 높은 지역은 총 4개이다.

16 다음 〈조건〉을 보고 ㉠~㉣에 해당하는 지역이 바르게 짝지어진 것은?

┌─ 조건 ───
• 비타민 D 결핍증 분석 대상자 수가 경기지역의 25% 미만인 지역은 부산, 대전, 전북, 인천, 울산, 충북, 강원, 세종이다.
• 비타민 D 결핍증으로 진단을 받은 인원수가 전북보다 많은 지역은 서울, 인천, 광주, 경기, 대구이다.
• 진단율이 울산지역과 0.5%p 이하로 차이가 나는 지역은 강원, 대구이다.
└──

	㉠	㉡	㉢	㉣
①	대구	광주	충북	강원
②	대구	광주	강원	충북
③	대구	강원	광주	충북
④	광주	강원	충북	대구
⑤	광주	대구	충북	강원

[17~18] 다음은 승관이가 회사 회식을 위해 조사한 맛집 정보와 평가 기준이다. 이를 보고 이어지는 물음에 답하시오.

맛집 정보					
평가 항목 음식점	음식 종류	이동거리	가격 (1인 기준)	맛 평점 (★ 5개 만점)	룸 예약 가능 여부
천안문	중식	150m	7,500원	★★☆	○
부오나 세라	양식	170m	8,000원	★★★	○
창경궁	한식	80m	10,000원	★★★★	×
아사쿠사	일식	350m	9,000원	★★★★☆	×
창덕궁	한식	300m	12,000원	★★★★★	×

※ ☆은 ★의 반 개다.

평가 기준

- 평가 항목 중 이동거리, 가격, 맛 평점에 대하여 각 항목별로 5, 4, 3, 2, 1점을 각각의 음식점에 하나씩 부여한다.
  - 이동거리가 짧은 음식점일수록 높은 점수를 준다.
  - 가격이 낮은 음식점일수록 높은 점수를 준다.
  - 맛 평점이 높은 음식점일수록 높은 점수를 준다.
- 평가 항목 중 음식 종류에 대하여 한식 5점, 양식 4점, 일식 3점, 중식 2점을 부여한다.
- 룸 예약이 가능한 경우 가점 1점을 부여한다.
- 총점은 음식 종류, 이동거리, 가격, 맛 평점의 4가지 평가항목에서 부여 받은 점수와 가점을 합산하여 산출한다.

17 위 자료를 참고하여 총점이 가장 높은 음식점에서 회식을 하기로 했을 때, 승관이가 고를 회식 장소는 어디인가?

① 천안문   ② 부오나 세라
③ 창경궁   ④ 아사쿠사
⑤ 창덕궁

18 승관이는 위의 항목별 평가기준을 다음과 같이 바꾸기로 했다. 총점이 가장 높은 음식점에서 회식을 하기로 했을 때, 승관이가 고를 회식 장소는 어디인가?

- 평가 항목 중 이동거리, 가격, 맛 평점에 대하여 각 항목별로 10, 8, 6, 4, 2점을 각각의 음식점에 하나씩 부여한다.
  - 이동거리가 짧은 음식점일수록 높은 점수를 준다.
  - 가격이 낮은 음식점일수록 높은 점수를 준다.
  - 맛 평점이 높은 음식점일수록 높은 점수를 준다.
- 평가 항목 중 음식 종류에 대하여 양식 10점, 일식 8점, 한식 6점, 중식 4점을 부여한다.
- 룸 예약이 가능한 경우 가점 2점을 부여한다.
- 총점은 음식 종류, 이동거리, 가격, 맛 평점의 4가지 평가항목에서 부여 받은 점수와 가점을 합산하여 산출한다.

① 천안문   ② 부오나 세라
③ 창경궁   ④ 아사쿠사
⑤ 창덕궁

[19~20] K태권도학원은 원생들의 체력증진과 친목도모를 위해 도내 실내 체육관 중 한 곳에서 체육대회를 개최하기로 하였다. 다음 체육대회 계획안과 체육관 현황을 보고 이어지는 물음에 답하시오.

○ 체육대회 계획(가안)
• 일시 : 2021년 10월 16일 09:00
• 장소 : 미정
• 참가 인원 : 32명
• 종목 : 축구, 농구, 배구, 탁구, 배드민턴, 족구 중 선택 예정

○ 대관 가능 체육관 현황

체육관	대관료	경기가능 종목	수용 인원	학원과의 거리	주차 가능 구역
A	60만 원	축구, 농구, 배구, 배드민턴	30명	12km	6면
B	20만 원	배구, 탁구, 배드민턴	25명	10km	5면
C	50만 원	축구, 농구, 배구, 탁구, 배드민턴	42명	13km	7면
D	50만 원	농구, 탁구, 배드민턴, 족구	50명	7km	8면
E	35만 원	축구, 농구, 배구, 족구	27명	6km	5면
F	45만 원	농구, 탁구, 배드민턴, 족구	35명	5km	4면
G	65만 원	축구, 농구, 배구, 배드민턴, 족구	48명	18km	7면
H	55만 원	축구, 농구, 탁구, 배드민턴	37명	15km	6면
I	70만 원	축구, 농구, 배구, 탁구, 배드민턴	29명	9km	5면

19 K태권도학원은 체육대회에서 최소 4개의 종목을 진행하고, 가급적 태권도학원과 가까운 거리에 있는 체육관을 대관하려고 한다. 이 조건을 충족하는 3개의 체육관을 후보로 선정할 때, 대관 후보가 되는 체육관은 어디인가?

① A, B, F
② B, E, H
③ B, F, I
④ C, D, E
⑤ C, D, F

20 K태권도학원은 체육대회 당일에 차를 렌트해 체육관으로 이동할 계획이다. 체육관과의 거리에 관계없이 최소 4개의 종목을 진행할 수 있고 주차공간이 충분한 체육관을 대관하려고 한다면 어느 체육관을 예약해야 하는가? (단, 6명까지 같은 차를 탈 수 있으며, 조건이 같을 경우 경기가능 종목이 많은 곳, 경기가능 종목 수가 같으면 대관료가 저렴한 곳을 예약한다.)

① C
② D
③ G
④ H
⑤ I

[21~22] 다음은 코레일에서 제공하는 공항 부지 개발 사업 공사 및 운영에 대한 입찰공고이다. 이를 보고 이어지는 물음에 답하시오.

입찰공고

1. 세부사항

가. 입찰건명
  공항 주변 부지 개발 사업 공사 및 운영

나. 계약기간
  계약체결일부터 완공 후 최대 25년까지

다. 입찰방법
  계량평가와 미계량평가(상세한 평가기준은 아래 참고)

2. 평가기준

평가 총점은 300점 만점으로 하여 우선협상 대상자를 선정하고, 사업계획서 평가로 평가지표 및 배점을 다음과 같이 구성한다.

소계	신용등급	사업실적	가격평가
300(점)	100	50	150

3. 평가항목

가. 신용등급
  인천국제공항은 신용등급을 평가하고, 그 외의 공항은 신용등급과 자본총계 중 유리한 것을 득점으로 인정하여 평가한다.

신용등급	자본총계	득점
A+	10,000억 원 이상	100
A	3,000 ~ 10,000억 원 미만	95
A−	1,000 ~ 3,000억 원 미만	90
B+	500 ~ 1,000억 원 미만	85
B	500억 원 미만	80

나. 사업실적
  (제출한 사업실적 연면적 / 개발사업 연면적) × 50점
  ※ 단, 업체의 사업실적 연면적이 개발사업 연면적을 초과하더라도 사업실적 점수는 50점을 넘지 않는다.

다. 가격평가
  • 자산개발수익금 납부 비율 점수(100점 만점) + 사업운영기간 점수(50점 만점)
  • 사업운영기간은 최대 25년으로, 점수로 반영할 때는 {운영기간 × 2}를 한다.
  • 자산개발수익금 납부 비율별 점수는 아래 표와 같이 반영한다.

비율(%)	10 이상	8 이상 10 미만	6 이상 8 미만	5 이상 6 미만	5 미만
점수(점)	100	95	90	85	80

21 코레일이 연면적 50,000m²의 인천국제공항 인근 부지 개발을 위해 위와 같은 공고를 냈더니 갑~무 5개의 업체가 지원하였다. 업체 정보가 다음과 같을 때, 우선협상 대상자가 될 수 있는 업체는?

업체 정보

업체	신용등급	자본총계(억 원)	사업실적(m²)	수익금 납부 비율(%)	사업운영기간(년)
갑	A+	2,500	10,000	9	25
을	A	10,000	20,000	7	10
병	A-	3,500	20,000	10	20
정	B+	5,000	30,000	8	15
무	B	900	15,000	9	25

① 갑
② 을
③ 병
④ 정
⑤ 무

22 코레일은 연면적 40,000m²의 김해국제공항 부지 개발을 위해 동일한 공고를 냈다. 그런데 사업실적 평가 비율을 높이라는 경영진의 요구가 있어 자산개발수익금 납부비율 점수의 만점을 50점으로 줄이고, 사업실적 점수의 만점을 100점으로 늘렸다. 위 문제의 갑~무를 대상으로 업체를 선정할 때, 우선협상 대상자로 선정되는 업체는?

① 갑
② 을
③ 병
④ 정
⑤ 무

[23~24] 다음은 2023년 코레일에 새로 입사한 신입사원 5명(A, B, C, D, E)의 3개월간 근무평가 내용이다. 이를 보고 이어지는 물음에 답하시오.

신입사원 근무평가 방식

• 신입사원 근무평가 항목은 크게 태도(30%), 업무능력(35%), 업적(35%)으로 나누어 진행한다.
• 세부 항목에 대한 평가 점수는 5점 만점으로 1~5점으로 평가한다.
• 평가 항목별 세부 항목 평가 점수의 총합에 각 평가 항목별 반영 비율을 곱한 점수의 총합이 가장 높은 3명의 신입사원은 본사에 우선 배치한다.
• 최종 평가 점수가 동점일 경우 업무능력 점수가 높은 사람의 최종 평가 점수에 0.1점을 가산한다.

신입사원 근무평가표

평가 항목	세부 항목	평가 내용	A	B	C	D	E
태도 (30%)	근무태도	당사 기본적인 인격을 갖추고 있는가	3	4	3	4	5
	근면성	성실하고, 근면한 자세로 업무에 임하는가	5	2	1	2	3
	책임감	맡은 일에 대해 책임감 있게 수행하고 그 결과까지 책임을 지는가	2	2	2	5	4
	협동심	동료 및 상사와 협동 관계가 긴밀한가	4	3	2	1	2
	규율	사내 규칙을 준수하였는가	3	5	5	4	3
	근태	지각, 조퇴, 결근 등이 없었는가	4	5	4	3	4
업무능력 (35%)	지속성	어떤 업무라도 끈기 있게 했는가	2	4	4	3	4
	능률	지시받은 업무를 신속하고 정확하게 처리하였는가	4	3	3	5	3
	업무 지식	직무 수행에 필요한 지식이 충분한가	4	2	5	3	2
	실천력	지시받은 업무나 계획한 업무를 기한에 맞춰 끝까지 추진하는가	3	1	2	1	5
업적 (35%)	업무 결과	타 사원과 비교해서 업무 결과가 좋은가 주어진 업무 방향에 맞게 업무를 하였는가	2	5	3	2	2
	업무 달성도	주어진 업무의 달성 여부 기한 내에 달성 여부	3	2	1	5	3
	피드백 반영 능력	달성한 업무에 대해 피드백을 주었을 때 충분히 반영을 하는가 피드백에 대한 이해도가 높은가	1	2	4	4	4

23 위 신입사원 근무평가표를 바탕으로 할 때, 본사에 우선 배치되는 3명은 누구인가?

① A, C, D
② A, D, E
③ B, C, D
④ B, C, E
⑤ C, D, E

24 신입사원 근무평가 방식이 다음과 같이 변경되었고 근무평가표 내용은 동일하다고 할 때, 본사에 우선 배치되는 2명은 누구인가?

신입사원 근무평가 방식

• 기존 신입사원 근무평가 항목에서 태도 항목은 삭제하고, 업무능력(60%), 업적(40%)으로 나누어 평가를 진행한다.
• 세부 항목에 대한 평가 점수는 5점 만점으로 1~5점으로 평가한다.
• 평가 항목별 세부 항목 평가 점수의 총합에 각 평가 항목별 반영 비율을 곱한 점수의 총합이 가장 높은 2명의 신입사원을 본사에 우선 배치시킨다.
• 최종 평가 점수가 동점일 경우 업적 점수가 높은 사람의 최종 평가 점수에 0.1점을 가산한다.

---

① A, C   ② B, D
③ C, D   ④ C, E
⑤ D, E

25 ○○커피점은 아르바이트 모집공고를 통해 아르바이트생을 채용하였다. 채용 후 한 달 뒤, 오전 8시에서 오후 4시 사이에 일했던 최승철이 그만두어 그 시간대에 일할 수 있는 두 명을 다시 채용하려고 한다. 한 달 전 지원자 중 미채용되었던 인원들에게 연락한다고 할 때, 점장이 먼저 연락하게 될 지원자들로 묶인 것은?

아르바이트 모집공고

- 채용인원 : ○명
- 시급 : 9,560원
- 근무시작 : 8월 9일
- 근무요일 : 월~금 매일(면접 시 협의)
- 근무조건 : 08:00~12:00 / 12:00~16:00 / 16:00~20:00 중 4시간 이상(면접 시 협의)
- 우대조건 : 동종업계 경력자, 바리스타 자격증 보유자, 6개월 이상 근무 가능자

※ 지원자들은 이메일(lovecoffee@coffee.com)로 이력서를 보내주시기 바랍니다.
※ 희망 근무요일과 희망 근무시간대를 이력서에 반드시 기입해 주시기 바랍니다.

지원자 명단

이름	희망 근무요일	희망 근무시간	우대조건
최승철	월, 화, 수, 목, 금	08:00~16:00	-
윤정한	화, 목	08:00~20:00	-
홍지수	월, 수, 금	08:00~16:00	6개월 이상 근무 가능
권순영	월, 화, 수, 목, 금	16:00~20:00	타사 카페 6개월 경력
전원우	화, 목	16:00~20:00	바리스타 자격증 보유
이지훈	월, 수, 금	08:00~16:00	-
이민석	월, 화, 수, 목, 금	12:00~20:00	-
김민규	월, 화, 수, 목, 금	16:00~20:00	-

① 전원우, 윤정한
② 윤정한, 홍지수
③ 윤정한, 이지훈
④ 홍지수, 전원우
⑤ 이지훈, 이민석

코레일
한국철도공사
직업기초능력평가

박문각

코레일
한국철도공사

직업기초능력평가
봉투모의고사

/

1회

박문각

제1회 직업기초능력평가

(25문항 / 30분)

01 다음 철도안전법에 관한 규칙을 이해한 내용으로 적절하지 않은 것은?

> ### 철도안전법에 관한 규칙
>
> **제1조(목적)** 이 법은 철도안전을 확보하기 위하여 필요한 사항을 규정하고 철도안전 관리체계를 확립함으로써 공공복리의 증진에 이바지함을 목표로 한다.
>
> **제2조(정의)** 이 법에서 사용하는 용어의 뜻은 다음과 같다.
> ① "철도"란 「철도산업발전기본법」(이하 "기본법"이라 한다) 제3조 제1호에 따른 철도를 말한다.
> ② "전용철도"란 「철도사업법」 제2조 제5호에 따른 전용철도를 말한다.
> ③ "철도시설"이란 기본법 제3조 제2호에 따른 철도시설을 말한다.
> ④ "철도운영"이란 기본법 제3조 제3호에 따른 철도운영을 말한다.
> ⑤ "철도차량"이란 기본법 제3조 제4호에 따른 철도차량을 말한다.
> ⑥ "열차"란 선로를 운행할 목적으로 철도운영자가 편성하여 열차번호를 부여한 철도차량을 말한다.
> ⑦ "선로"란 철도차량을 운행하기 위한 궤도와 이를 받치는 노반(路盤) 또는 인공구조물로 구성된 시설을 말한다.
> ⑧ "철도운영자"란 철도운영에 관한 업무를 수행하는 자를 말한다.
> ⑨ "철도시설관리자"란 철도시설의 건설 또는 관리에 관한 업무를 수행하는 자를 말한다.
> ⑩ "철도종사자"란 다음 각 목의 어느 하나에 해당하는 사람을 말한다.
>
> (중간 생략)
>
> **제3조(다른 법률과의 관계)** 철도안전에 관하여 다른 법률에 특별한 규정이 있는 경우를 제외하고는 이 법에서 정하는 바에 따른다.
>
> **제4조(국가 등의 책무)** ① 국가와 지방자치단체는 국민의 생명·신체 및 재산을 보호하기 위하여 철도안전시책을 마련하여 성실히 추진하여야 한다.
> ② 철도운영자 및 철도시설관리자(이하 "철도운영자등"이라 한다)는 철도운영이나 철도시설관리를 할 때에는 법령에서 정하는 바에 따라 철도안전을 위하여 필요한 조치를 하고, 국가나 지방자치단체가 시행하는 철도안전시책에 적극 협조하여야 한다.

① 철도안전법은 철도안전 관리체계를 확립함으로써 공공복리의 증진에 이바지함을 추구한다.
② 국가와 지방자치단체가 철도안전시책을 마련한 것은 국민의 생명·신체 및 재산을 보호하기 위해서이다.
③ 철도운영자와 철도시설관리자는 원칙적으로 다른 업무를 하는 사람으로 규정할 수 있다.
④ 철도시설관리자만이 철도운영이나 철도시설관리를 할 때 법령에서 정하는 바에 따라 필요한 조치를 취할 권한을 가진다.
⑤ 일반적으로 사람들이 '선로'라고 부르는 부분은 철도차량을 운행하기 위한 궤도와 이를 받치는 노반(路盤) 또는 인공구조물로 구성된 시설인 선로의 일부임을 알 수 있다.

[02~04] 다음 글을 읽고 이어지는 물음에 답하시오.

자연에서 발생하는 모든 일은 목적 지향적인가? 자기 몸통보다 더 큰 나뭇가지나 잎사귀를 허둥대며 운반하는 개미들은 분명히 목적을 가진 듯이 보인다. 그런데 가을에 지는 낙엽이나 한밤중에 쏟아지는 우박도 목적을 가질까? ㉠ 아리스토텔레스는 모든 자연물이 목적을 추구하는 본성을 타고나며, 외적 원인이 아니라 내재적 본성에 따른 운동을 한다는 목적론을 제시한다. 그는 자연물이 단순히 목적을 갖는 데 그치는 것이 아니라 목적을 실현할 능력도 타고나며, 그 목적은 방해받지 않는 한 반드시 실현될 것이고, 그 본성적 목적의 실현은 운동 주체에 항상 바람직한 결과를 가져온다고 믿는다. 아리스토텔레스는 이러한 자신의 견해를 "자연은 헛된 일을 하지 않는다"라는 말로 요약한다. 그런데 ㉡ 근대의 학자들이 모든 사물이 생명력을 갖지 않는 일종의 기계라는 견해를 강조하면서, 아리스토텔레스의 목적론은 비과학적이라는 이유로 많은 비판에 직면한다. 갈릴레이는 목적론적 설명이 과학적 설명으로 사용될 수 없다고 주장하며, 베이컨은 목적에 대한 탐구가 과학에 무익하다고 평가하고, 스피노자는 목적론이 자연에 대한 이해를 왜곡한다고 비판한다. 이들의 비판은 목적론이 인간 이외의 자연물도 이성을 갖는 것으로 의인화한다는 것이다. 그러나 이런 비판과는 달리 아리스토텔레스는 자연물을 생물과 무생물로, 생물을 식물·동물·인간으로 나누고, 인간만이 이성을 지닌다고 생각했다. ㉢ 일부 현대 학자들은, 근대 사상가들이 당시 과학의 기계론적 모형이 더 설득력을 갖는다는 일종의 교조적 믿음에 의존했을 뿐, 아리스토텔레스의 목적론을 거부할 충분한 근거를 제시하지 못했다고 비판했다. 이런 맥락에서 볼로틴은 근대 과학이 자연에 목적이 없음을 보이지도 못했고 그렇게 하려는 시도조차 하지 않았다고 지적했다. 또한 우드필드는 목적론 설명이 과학적 설명은 아니지만, 목적론의 옳고 그름을 확인할 수 없기 때문에 목적론이 거짓이라고 할 수도 없다고 지적했다. 17세기의 과학은 실험을 통해 과학 설명의 참·거짓을 확인할 것을 요구했고, 그런 경향은 생명체를 비롯한 세상의 모든 것이 물질로만 구성된다는 물질론으로 이어졌으며, 물질론 가운데 일부는 모든 생물학 과정이 물리·화학 법칙으로 설명된다는 환원론으로 이어졌다. 이런 환원론은 살아 있는 생명체가 죽은 물질과 다르지 않음을 함축했다. 하지만 아리스토텔레스는 자연물의 물질 구성 요소를 알면 그것의 본성을 모두 설명할 수 있다는 엠페도클레스의 견해를 반박했다. 이 반박은 자연물이 단순히 물질로만 이루어진 것이 아니며, 그것의 본성이 단순히 물리·화학으로 환원되지도 않는다는 주장을 내포한다. 첨단 과학의 발전에도 불구하고 생명체의 존재 원리와 이유를 정확히 규명하는 과제는 아직 진행 중이다. 자연물의 구성 요소에 대한 아리스토텔레스의 탐구는 자연물이 존재하고 운동하는 원리와 이유를 밝히려는 것이었고, 그의 목적론은 지금까지 이어지는 그러한 탐구의 출발점이라 할 수 있다.

02 윗글의 ㉠~㉢에 따른 목적론에 대한 설명으로 적절하지 않은 것은?

① ㉠: 자연물이 존재하고 운동하는 원리와 이유를 밝히려는 탐구의 출발점으로 보았다.

② ㉠: 생물은 물론 무생물에까지도 목적론을 적용할 수 있다고 보았다.

③ ㉡: 자연에 대한 이해를 왜곡할 수 있다고 보았다.

④ ㉡: 인간 이외에 자연 또한 이성을 갖고 있는 것으로 보일 수 있다는 점을 들어 비판했다.

⑤ ㉢: 목적을 완수한 이후의 결과는 긍정적일 수도, 부정적일 수도 있다고 보았다.

03 윗글에 제시된 ㉠, ㉡, ㉢의 시각으로 〈보기〉의 글을 평가할 때 가장 적절한 것은?

┌─ 보기 ┌───

자연이란 희랍어의 '퓌시스'를 번역한 단어이다. 물리학이란 뜻의 physics에 그 형태가 아직 남아 있으며, 이는 흔히 '본성'이라고도 번역이 가능하다. 소크라테스 이전의 철학자들은 '퓌시스'를 사물들로 하여금 어떤 일정한 방식으로 변하도록 만드는, 내부에 있는 원리라고 설명했다.

우리말의 사전적 의미도 이와 상통하는 부분이 있다. '자연'은 사람의 힘이 더해지지 않고 저절로 이루어진 존재나 상태이며, 본성은 사람과 사물, 현상에 본디부터 있는 고유한 특성을 말한다. 즉 '자연'은 '퓌시스'의 상태에, '본성'은 그 특성에 집중한 번역어이지만, 둘 다 외부의 힘이 가해지지 않고 내부에 있다는 공통점을 갖고 있다는 것을 눈여겨 보아야 한다.

───

① ㉠은 〈보기〉를 외부적 요인의 중요성을 간과하고 있다고 평가할 수 있다.

② ㉠은 〈보기〉를 모든 자연물에 적용할 수 있다고 긍정할 수 있다.

③ ㉡은 〈보기〉를 인간만이 이성을 가지고 있다는 것을 부정하고 있다고 비판할 수 있다.

④ ㉢은 〈보기〉를 증명할 수 없기 때문에 옳은 이론이라고 긍정할 수 있다.

⑤ ㉢은 〈보기〉를 증명할 수 있지만 예외적인 사례가 있으므로 비판적 여지가 있음을 주장할 수 있다.

04 아리스토텔레스의 주장과 관련된 설명으로 적절하지 않은 것은?

① 모든 자연물의 본성이 목적 지향이다.

② 자연물은 단순히 물질로만 이루어진 것이 아니다.

③ 모든 자연물이 갖는 목적은 외적 요인에 의한 것이다.

④ 본성적 목적을 달성한다면 항상 바람직한 결과를 가져온다.

⑤ 인간만이 이성을 지니고 있다.

[05～06] 다음 보도자료를 보고, 이어지는 물음에 답하시오.

한국철도공사(코레일)가 2024년 1월 8일부터 11일까지 나흘간 진행한 2024년 설 승차권 예매 결과, 공급 좌석 166만 석 중 88만 1천 석(5일간, 일평균 17.6만석)이 팔려 예매율이 52.9%로 집계됐다고 밝혔다. 주요 노선별 예매율은 경부선 54.9%, 경전선 57.4%, 호남선 58.6%, 전라선 62.9%, 강릉선 39.8%, 중앙선 55.2%이다. 귀성객이 가장 많은 날은 연휴 첫날인 2월 9일로, 이날 하행선 예매율은 86.2%(경부선 91.1%, 호남선 91.6%), 귀경 예매율은 연휴 마지막 날인 2월 12일 상행선이 82.5%(경부선 88.8%, 호남선 89.1%)로 가장 높았다.

특히, 2024년 설 명절 교통약자 예매 좌석은 2023년 설 5만 2천 석보다 2만 7천여 석 늘어 7만 8천여 석이 팔렸다. 매체별로는 전화접수가 전년도 4천여 석에서 9천여 석으로 2배, 인터넷이 4만 7천여 석에서 6만 9천여 석으로 1.5배 증가했다. 이는 코레일이 교통약자의 예매 기회를 확대하고자 추진한 △공급 좌석 확대(10% → 20%) △전화예매 전용 좌석 할당 △전화 상담원 증원(70명 → 120명) △예매 기간 확대(1일 → 2일) △온라인 예매법 안내책자·동영상 배포 등 개선에 따른 것으로 분석된다.

예매한 승차권은 1월 14일 자정(24시)까지 반드시 결제해야 한다. 기간 내 결제하지 않은 승차권은 자동으로 취소되고, 예약 대기 신청자에게 배정된다. 특히, 1월 8일과 9일에 전화로 승차권을 예약한 고객(경로·장애인·국가유공자)은 2024년부터 처음 시행하는 철도고객센터(1588-8545) 상담원을 통한 결제가 가능하다. 결제 후에는 열차 출발 전까지 편리한 시간에 역 매표소를 방문해 승차권을 수령하면 된다. 기존대로 신분증(주민등록증, 장애인등록증, 국가유공자증)을 가지고 가까운 역 매표소를 직접 방문해 현장 결제도 가능하다.(승차권을 미소지하거나 캡처, 사진 승차권 등으로 열차에 탑승할 경우 부정승차에 해당해 부가운임을 추가 징수할 수 있으므로 각별한 주의가 필요하다.) 잔여석은 1월 11일 15시부터 홈페이지(www.letskorail.com), 모바일 앱 '코레일톡', 역 창구와 자동발매기에서 평소처럼 구매할 수 있다.

한편, 코레일은 설 예매가 끝남에 따라 암표 피해 예방을 위한 열차 승차권 부당거래 단속 강화에 나선다. 온라인 중고거래 사이트에 대한 집중 모니터링과 더불어 암표 제보 채널을 운영한다. 주요 중고거래 사이트는 공지사항에 코레일 암표 제보 채널을 안내하고 링크를 연결해 이용 과정에서 암표 판매가 의심되는 경우 바로 신고할 수 있다.

2023년 추석 기간 암표 제보가 접수된 52건에 대해서는 해당 사이트에 즉시 삭제를 요구했으며, 판매자를 특정할 수 있는 2건은 회원탈회 조치하고 경찰에도 수사 의뢰한 상태다. 앞서 코레일은 매크로를 사용한 명절 승차권 선점을 막기 위해 1초당 4회 이상 승차권 조회 시, 해당 회원번호 이용을 20분간 정지하는 등 차단 시스템을 업그레이드하는 등 예방 조치도 강화했다.

05 위 보도자료의 내용과 일치하는 것은?

① 1월 8일과 9일에 전화로 승차권을 예약한 고객은 역 매표소에서 결제하는 것이 아닌, 철도고객센터의 상담원을 통해서 결제해야 한다.

② 설 연휴 승차권에 한해, 승차권을 소지하지 않고 승차권을 캡처하거나 사진 승차권으로 탑승하는 것도 가능하다.

③ 2024년 설 승차권 예매율이 가장 높은 노선은 전라선이고, 그 다음이 경전선이다.

④ 설 승차권을 1월 14일 자정까지 결제하지 않은 경우 자동 취소되며, 취소된 승차권은 잔여석으로 넘어가게 된다.

⑤ 2024년 설 명절 교통약자 예매 좌석은 전년 대비 2만 석 이상 더 팔렸으며, 이 중 전화접수 판매가 2배 증가했다.

06 다음 중 코레일의 암표 피해 예방 및 단속 강화를 위한 조치에 해당하지 않는 것은?

① 온라인 중고거래 사이트 집중 모니터링

② 암표 제보 접수 건에 대해 해당 사이트에 즉시 삭제 요구

③ 암표 구매자에 대한 회원탈회 조치

④ 암표 제보 채널 운영

⑤ 매크로 사용으로 인한 승차권 선점을 막기 위해 차단 시스템 업그레이드

[07~08] 다음 글을 읽고 이어지는 물음에 답하시오.

사람들은 시간과 공간의 관계를 어떻게 이해했을까? 아인슈타인이 등장하기 전까지 사람들은 시간과 공간을 독립된 것으로 여겼다. 또한, 물질이 존재하지 않더라도 시간과 공간은 그 자체로 존재할 것으로 생각했다. 이러한 인식의 바탕에는 뉴턴의 고전 역학이 자리 잡고 있다. 뉴턴은 만유인력의 개념을 도입하면서 지구와 같은 물체는 다른 물체를 끌어당겨 중력을 발생시킨다고 보았다. 그런데 아인슈타인은 뉴턴의 그런 아이디어를 받아들이지 않고 중력이란 '공간의 휘어짐'이라고 주장했다.

뉴턴의 고전 역학에 따르면, 중력이 미치는 범위(중력장) 내에서는 빛이 직선 경로를 따라 전파된다. 하지만 아인슈타인은 중력장 내에서 빛은 휘어진다고 주장했다. 중력장 내에서 빛이 중력을 받아서 가속도 운동을 하기 때문이라는 것이다. 이것을 설명하기 위해 그는 어떤 물체든 그것이 공간에 실재하면 그 물체가 점유하고 있는 공간은 휘게 된다고 가정했다.

그렇다면 태양이나 지구 등과 같은 무거운 행성들도 그 무게 때문에 주위의 3차원 공간을 휘게 할 것이다. 따라서 빛이 이 행성들 부근을 지날 때는 직진하던 진로가 조금 틀어지게 된다. 아인슈타인의 이러한 가설은 영국의 천문학자 에딩턴이 이끄는 관측대에 의해 입증되었다. 1919년 5월 29일 지구 남반구에서 일어난 개기일식을 관측하기 위해 에딩턴의 관측대는 브라질의 수브랄과 서아프리카에 있는 프린시페라는 섬으로 떠났다. 관측대는 면밀한 관측을 통해 태양 뒤의 먼 곳에서 오던 빛이 태양 주위에서 휘며 그 휘는 정도가 아인슈타인의 예측과 일치한다는 것을 확인했다. 200여 년을 지탱해 온 뉴턴의 중력 법칙이 몰락하는 순간이었다.

중력을 아인슈타인의 견해처럼 '공간의 휘어짐'이라고 간주하면 중력장 안에서는 시간도 팽창하게 된다. 이것은 공간이 휘어져 있다는 사실로부터 자연스럽게 유도될 수 있다. 순간적으로 똑같은 빛의 신호가 주어졌다고 할 때 중력장이 없는 영역과 중력장이 있는 영역에서 빛의 경로는 서로 다르다. 즉 중력장이 없는 영역에 있는 관측자가 볼 때 중력장이 있는 영역에서는 빛이 휘게 되어 도달하는 시간이 더 길어진다는 것을 알게 된다. 특히 태양계 너머 우주에서는 시간의 지체가 더 크게 일어난다.

이러한 사실을 바탕으로 아인슈타인은 중력을 '공간과 시간의 휘어짐'이라고 정의했다. 우리 태양계는 중력장이 약하기 때문에 공간과 시간의 휘어짐이 아주 미미하다. 그렇기에 우리의 감각이 미치는 범위에서는 아인슈타인의 이론과 뉴턴의 역학 사이에 눈에 띌 만한 이론적 틈새를 찾기가 힘들다. 그런데 이와 달리 블랙홀처럼 무거운 물질이 있는 태양계 밖의 우주 공간에서는 아인슈타인의 이론이 아니면 해석할 수 없는 일들이 발생한다. 거기서는 뉴턴 역학은 무용지물이다. 바로 이 때문에 아인슈타인으로 인해 인간의 감각이 확대되고 인식의 지평이 확장되었다고 이야기하는 것이다.

07 윗글의 제목으로 가장 적절한 것은?

① 뉴턴과 아인슈타인이 주장한 학설의 공통점과 차이점
② 에딩턴 관측대에 의한 아인슈타인의 가설 최초 입증
③ 인류 역사상 동시대의 천재 : 뉴턴과 아인슈타인
④ 우주 이론의 창시자, 과연 누구일까?
⑤ 아인슈타인 이론의 발전 : 뉴턴을 이기다

08 윗글의 내용과 일치하지 않는 것은?

① 아인슈타인보다 뉴턴의 고전 역학 이론이 먼저 발표되었음을 알 수 있다.
② 중력장 내에서 빛의 경로는 아인슈타인과 뉴턴의 학설이 대립한다.
③ 우리 태양계에서 아인슈타인이 내린 중력에 대한 정의가 약한 이유는 중력장이 약하기 때문이다.
④ 뉴턴의 이론을 중력에 대입해보면, 똑같은 빛의 신호가 주어질 때, 중력장의 유무에 따라 빛의 경로는 서로 다르다.
⑤ 뉴턴의 이론으로는 해결할 수 없는 과학적 범주가 존재한다.

[09~10] 다음은 인천지역 A~E 공공철도노선에 따른 잠재적 부담률, 국민 부담률, 재정적자 비율 및 공채의존도에 대한 자료이다. 이를 보고 이어지는 물음에 답하시오.

인천지역 노선별 부담률 및 공채의존도 현황

구분		A	B	C	D	E
잠재적 부담률		47.7%	44.6%	㉢	53.1%	67.5%
국민 부담률		38.9%	34.7%	49.3%	52%	㉤
	사회보장 부담률	15.9%	㉡	10.8%	22.9%	24.6%
	조세 부담률	23.0%	26.1%	38.5%	㉣	37.8%
재정적자 비율		㉠	9.9%	6.7%	1.1%	5.1%
공채의존도		47.8%	43.1%	16.8%	15.8%	30.8%

1) 잠재적 부담률(%)＝국민 부담률＋재정적자 비율
2) 국민 부담률(%)＝사회보장 부담률＋조세 부담률

09 인천지사의 박 부장은 본사에 제출할 보고서를 작성하던 중 사용할 자료의 일부 수치가 부정확하여 다시 계산하려고 한다. 다음 중 박 부장이 잘못 계산한 것은?

① ㉠: 8.8% 　　　　　　　② ㉡: 8.6%

③ ㉢: 56% 　　　　　　　④ ㉣: 30.1%

⑤ ㉤: 62.4%

10 위 자료를 보고 박 부장이 작성한 보고서 내용 중 적절하지 않은 것은?

① 공채의존도가 가장 높은 노선의 사회보장 부담률은 5개 노선 중 세 번째로 높다.
② 국민 부담률이 가장 낮은 노선은 사회보장 부담률도 가장 낮다.
③ 조세 부담률은 A노선이 가장 낮고 B, D, E, C 순으로 높아진다.
④ 재정적자 비율이 가장 낮은 노선은 공채의존도가 가장 낮고, 재정적자 비율이 가장 높은 노선은 국민 부담률이 가장 낮다.
⑤ 잠재적 부담률이 가장 높은 노선은 조세 부담률이 가장 높고, 잠재적 부담률이 가장 낮은 노선은 조세 부담률이 가장 낮다.

[11~12] 다음은 서울시 아동복지시설 입·퇴소자 및 입·퇴소사유에 대한 자료이다. 이를 보고 이어지는 물음에 답하시오.

연도별 서울시 아동복지시설 입·퇴소자 수

(단위 : 개소, 명)

구분	2019년	2020년	2021년	2022년	2023년	2024년
시설 수	41	41	41	42	42	43
연중 입소자 수	722	689	615	568	647	581
연중 퇴소자 수	793	680	740	691	641	715
연도 말 입소자 수	2,083	2,078	1,829	1,803	1,835	1,673

연도별 서울시 아동복지시설 입·퇴소사유

(단위 : 명)

구분		2019년	2020년	2021년	2022년	2023년	2024년
입소사유	양육포기	202	185	156	148	173	643
	부모의 사망	34	19	18	13	15	58
	파양	46	55	54	55	65	233
	기타	4	10	16	6	9	35
퇴소사유	입양	258	114	6	13	3	135
	독립	9	14	26	4	17	9
	기타	55	130	266	258	239	123

11 위 자료에 대한 설명으로 옳지 않은 것은?

① 서울시 아동복지시설 퇴소사유가 입양인 퇴소자 수가 가장 많은 해는 가장 적은 해의 86배이다.

② 서울시 아동복지시설 수 대비 연도 말 입소자 수의 비율이 가장 높은 해는 2019년이다.

③ 2024년을 제외하고 서울시 아동복지시설 입소사유가 양육포기와 파양인 입소자 수의 차이가 가장 큰 해는 2019년이다.

④ 서울시 아동복지시설의 연중 입소자 수와 연중 퇴소자 수의 차이가 가장 적은 해에 퇴소사유가 독립인 퇴소자 수는 17명이다.

⑤ 연중 입소자 수가 전년 대비 감소한 모든 해에 연중 퇴소자 수의 합은 2,111명이다.

12 아동복지 전담 공무원인 K씨는 매해 초에 직전 연도의 아동복지시설 최종 입소자 수를 계산한다. 직전 연도의 연중 입소자 수, 연중 퇴소자 수, 연도 말 입소자 수만을 고려하여 최종 입소자 수를 계산할 때, 최종 입소자 수가 가장 많은 연도와 가장 적은 연도의 최종 입소자 수를 더한 값은 얼마인가?

① 2,910
② 3,011
③ 3,551
④ 3,626
⑤ 4,037

[13~14] 다음은 2018~2023년 어느 지역의 과일 종류별 매출액을 나타낸 것이다. 이를 보고 이어지는 물음에 답하시오.

(단위 : 만 원)

구분	(A)	(B)	(C)	사과	바나나	(D)	(E)
2018년	449	239	789	104	56	12	3
2019년	560	278	857	98	87	11	6
2020년	498	298	912	87	102	7	9
2021년	450	301	1,012	65	142	9	14
2022년	420	313	1,293	64	154	7	26
2023년	387	329	834	32	198	3	47

13 다음 〈보기〉의 대화를 참고할 때, (A)~(E)에 해당하는 과일이 바르게 짝지어진 것은?

> 보기
>
> 이민정 : 오렌지, 바나나, 귤은 해마다 매출액이 증가하고 있어.
> 김태준 : 2021년과 2022년에 매출액이 유일하게 1,000만 원대를 돌파한 과일은 포도뿐이구나.
> 정민주 : 수박 매출액이 귤 매출액의 4배였을 때가 있었군.
> 이재현 : 매출액이 최고인 해와 최저인 해의 차이가 100만 원 이상인 제품은 레몬과 바나나뿐이구나.

	(A)	(B)	(C)	(D)	(E)
①	오렌지	레몬	포도	귤	수박
②	레몬	오렌지	포도	수박	귤
③	오렌지	레몬	귤	포도	수박
④	레몬	귤	수박	포도	오렌지
⑤	레몬	귤	포도	수박	오렌지

14 위 자료에 대한 설명으로 옳지 않은 것은?

① 2023년 귤의 매출액은 전년 대비 80% 이상 증가하였다.
② 귤의 매출액이 사과의 매출액보다 높은 해가 있다.
③ 2018~2023년 사이 매년 포도의 매출액은 오렌지 매출액의 3배 이상이다.
④ 2019년 레몬과 포도의 매출액 차는 200만 원 이상이다.
⑤ 전년 대비 2024년 매출액이 수박은 400%, 사과는 100% 증가한다면, 2024년의 매출액은 사과가 수박의 4배 이상이다.

[15~16] 다음은 A, B 지역의 2024년 1~5월 취업자 · 실업자 현황을 나타낸 자료이다. 이를 보고 이어지는 물음에 답하시오.

A지역의 취업자 · 실업자 현황

(단위 : 명, %)

구분 \ 월	1월	2월	3월	4월	5월	전체
취업자 수	( )	( )	1,600	2,400	3,000	( )
실업자 수	100	200	600	800	1,800	3,500
해당월 취업률	10.9	13.0	17.4	26.1	32.6	100.0
해당월 실업률	2.9	( )	( )	( )	( )	100.0

B지역의 취업자 · 실업자 현황

(단위 : 명, %)

구분 \ 월	1월	2월	3월	4월	5월	전체
취업자 수	500	800	2,400	1,400	700	5,800
실업자 수	( )	50	( )	20	300	( )
해당월 취업률	8.6	13.8	41.4	24.1	12.1	100.0
해당월 실업률	34.7	( )	( )	1.3	( )	100.0

※ 1) (해당월) 취업률(%) = $\dfrac{\text{(해당월) 취업자 수}}{\text{2024년 1~5월 전체 취업자 수}} \times 100$

2) (해당월) 실업률(%) = $\dfrac{\text{(해당월) 실업자 수}}{\text{2024년 1~5월 전체 실업자 수}} \times 100$

15 위 자료에 대한 설명으로 옳지 않은 것은? (단, 전체 취업자 수와 실업자 수를 계산할 경우 십의 자리에서 반올림한다.)

① 2024년 1~5월 전체 취업자 수는 A지역이 B지역보다 많다.

② 2024년 1~5월 전체 실업자 수는 B지역이 A지역의 3배 이상이다.

③ 5월의 실업률은 A지역이 B지역보다 높다.

④ B지역의 실업자 수가 가장 적은 달에 A지역의 실업자 수는 전월 대비 30% 이상 증가했다.

⑤ 전월 대비 6월 실업자 수가 A지역은 100%, B지역은 400% 증가한다면, A지역 6월 실업자수는 B지역의 2배 이상이다.

16 위 자료에 대한 설명으로 옳은 것을 〈보기〉에서 모두 고르면?

┌─ 보기 ┐
ⓐ A지역의 취업자 수는 꾸준히 증가하고 있다.
ⓑ 2024년 1~5월 A지역의 전체 취업자 수와 실업자 수의 차이는 B지역의 차이보다 작다.
ⓒ B지역의 실업자 수는 증감을 반복하고 있다.
ⓓ A지역의 5월 취업자 수는 전월 대비 30% 이상 증가하였다.
└────────────────────────────────────┘

① ㉠, ㉢

② ㉠, ㉣

③ ㉡, ㉢

④ ㉡, ㉣

⑤ ㉢, ㉣

[17~18] 다음은 ○○공유오피스의 이용 정보 및 공유오피스 내 회의실 이용 규정의 일부이다. 이를 보고 이어지는 물음에 답하시오.

○○공유오피스 대관 정보

구분	대관료		비고
	기본사용료	추가 1시간당	
회의실(대)	129,000원	65,000원	― 기본 2시간 사용원칙 ― 토, 일, 공휴일 대관 시 전체 비용에서 10% 할증
회의실(중)	65,000원	32,500원	
회의실(소)	44,000원	22,000원	
세미나실	110,000원	55,000원	

※ 대관 문의: 02-1234-5678(신청서 작성 전 필히 사전 협의 바랍니다.)

주차장 이용 정보

구분	운영시간	주차요금
공유오피스 이용고객	연중무휴(24시간)	― 최초 30분 무료 ― 5분 초과 시마다 150원 ― 1일 주차 8,000원

※ 단, 입주업체의 고객에 한하여 입차 후 3시간(최초 30분 무료 포함)을 무료 주차로 인정

공유오피스 이용 규정

제5조(사용계약의 취소 및 변경요청) ① 사용자가 대관료를 납부하고 사용일 전 취소한 경우 다음 각 호에 따라 위약금을 공제하고 반환한다.
1. 사용자가 사용예정일 3일 전 취소한 경우 대관료 전액환불
2. 사용자가 사용예정일 1~2일 전 취소한 경우 위약금 10% 공제한 후 대관료 환불
3. 사용자가 사용예정 당일 취소한 경우 위약금 50% 공제한 후 대관료 환불

제8조(대관의 해지 및 해제) 다음 각 호의 1에 해당하는 경우에는 언제든지 대관계약재산의 전부 또는 일부에 대하여 대관 계약을 취소할 수 있다.
1. 우리 시설에 문제가 발생한 때
2. 대관승인기간의 만료 또는 사용자가 이 계약을 위반하였을 때
3. 사용목적을 위반한 때
4. 시설물을 훼손할 우려가 있을 때

제9조(사용료의 반환) 제8조의 사유로 인하여 대관사용계약을 해지 또는 해제한 경우에는 납부한 사용료는 반환하지 아니한다. 다만, 제8조 제1호의 경우 사용료를 전액 반환한다.

17 공유오피스 대관에 대한 설명으로 옳지 않은 것은?

① 회의실에서 4시간 이용을 예정했으나, 1시간이 되지 않아서 이용자가 설비를 고장 내어 대관시간을 채우지 못했을 경우, 스터디카페 측에서는 대관료를 반환할 필요가 없다.

② 공유오피스 내부의 누수로 전기를 사용할 수 없어 공유오피스 측에서 대관 계약을 취소한 경우 사용료를 전액 반환한다.

③ 토요일에 세미나실을 3시간 이용할 경우, 181,500원의 비용을 대관료로 지불해야 한다.

④ 4명의 고객이 회의실을 2시간 동안 이용했고 모두가 차를 가져왔다고 할 때, 각자가 일일 주차권을 이용하는 것이 이용자에게 더 불리하다.

⑤ 평일에 회의실(대) 2개를 2시간 대관했다가 당일에 계약을 취소할 때의 위약금과 평일에 회의실(대) 1개를 4시간 대관했다가 당일에 계약을 취소할 때의 위약금은 동일하다.

18 코레일에서 일주일 동안 있을 회의를 대비해서 다음과 같이 대관하고자 할 때, 코레일이 일주일 동안 지불해야 하는 대관 금액은 얼마인가? (단, 주차장은 이용하지 않는다.)

- 코레일에서는 월, 화, 토요일 총 3번의 회의를 예정하고 있다.
- 월요일에는 21명, 화요일에는 14명, 토요일에는 7명이 회의를 할 예정이다.
- 20명 이상인 경우 대형 회의실, 10명 이상 20명 미만은 중형 회의실, 10명 미만은 소형 회의실을 사용하려고 한다.
- 월요일은 3시간, 화요일은 4시간, 토요일은 2시간의 회의가 예정되어 있다.

① 372,400원
② 381,300원
③ 390,520원
④ 404,800원
⑤ 413,400원

NCS(National Competency Standards)

[19~21] 다음 자료를 보고 이어지는 물음에 답하시오. (단, 지점 간에는 하나의 교통수단만 이용한다.)

1. 일본 지사-나리타 공항-T지역 지점 간 거리

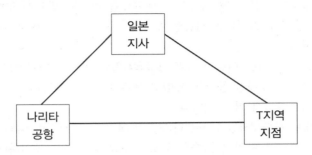

※ 일본 지사-나리타 공항 간의 거리 : 72km
※ 일본 지사-T지역 지점 간의 거리 : 285km
※ 일본 지사-나리타 공항, 일본 지사-T지역 지점 사이는 육상 교통수단 이동 가능
   나리타 공항-T지역 지점 사이는 항공으로만 이동 가능

2. 일본 지사 출발 시 이용 가능한 수단

구분	속력	비용
자가용	60km/h	1km당 160원
택시	75km/h	최초 2km 3,800원, 200m당 150원씩 추가
버스	65km/h	10km당 1,200원, 1km당 20원씩 추가
공항 셔틀버스(일본 지사 → 나리타 공항)	65km/h	15,000원

3. 일본 지사-나리타 공항 셔틀버스 운행시간

회차	1회	2회	3회	4회	5회
일본 지사 출발 시각	05:30	05:38	05:46	05:54	06:05

4. 항공편(나리타 공항-T지역 지점)

구분	첫 항공편 출발 시각	소요 시간(편도)	비용
A항공사	05:18	1시간 38분	127,000원
B항공사	05:23	1시간 26분	114,000원
C항공사	05:29	1시간 36분	116,000원
D항공사	05:38	1시간 34분	123,000원

※ 탑승수속 소요 시간 : 1시간
※ 왕복 항공의 출발 시각은 모두 동일하다.
※ 각 항공사의 항공편은 1시간 간격으로 운행하며 출발 시각이 오전 10시 이후인 항공편은 요금이 7% 할인된다.
※ 나리타 공항에서 출발해 T지역에 내리면 바로 지점이 있다고 가정한다.

19 일본 지사에 출장 차 방문 중인 정 과장은 T지역 지점을 방문하려고 한다. 일본 지사에서 오전 5시 27분에 출발할 때, T지역 지점에 가는 데 걸리는 최단 시간은? (단, 시간 계산 시 초 단위는 절사한다.)

① 3시간 34분   ② 3시간 38분

③ 3시간 43분   ④ 3시간 44분

⑤ 3시간 48분

20 위 문제와 같은 조건에서 정 과장은 일본 지사에서 T지역 지점으로 항공편을 이용하여 이동하려고 한다. 나리타 공항 이동 시 버스(셔틀 제외)와 택시를 이용하면 4분의 대기시간이 추가된다는 것을 알게 되었다. 늦어도 오전 9시 50분까지는 T지역에 도착해야 한다고 할 때, 이때 드는 최소비용을 구하면? (단, 탑승 가능한 항공편 중 최대한 빨리 도착할 수 있는 것으로 선택한다.)

① 125,000원   ② 125,440원

③ 125,520원   ④ 128,440원

⑤ 129,520원

21 일정이 변경되어 정 과장은 나리타 공항에서 15km 떨어진 자신의 숙소에서 오전 9시 10분에 출발하기로 했다. 셔틀버스는 이용하지 않고, 숙소에서 공항까지 버스로 이동 시 7분이 소요되며, 버스와 택시를 기다리는 데 걸리는 시간은 없다고 한다. T지역에 오후 12시까지 도착해야 한다면, 최소비용이 드는 이동 수단은 무엇인가? (단, 탑승 가능한 항공편 중 최대한 빨리 출발할 수 있는 것으로 선택한다.)

① 자가용 – B항공   ② 자가용 – C항공

③ 택시 – B항공   ④ 버스 – A항공

⑤ 버스 – C항공

[22~23] 다음 2가지 대출상품 안내를 보고 이어지는 물음에 답하시오.

더베스트 희망대출

☐ **대출 대상자**

대출신청일 현재 3개월 이상 직장에 근무하고 있거나 사업을 영위하고 있는 자로서 다음 각 호의 어느 하나에 해당하는 자로 한다.

1. 연소득 45백만 원 이하이면서 CB등급(서울신용평가정보사 또는 NICE 신용등급)이 6등급 이하인 자
2. 연소득 35백만 원 이하인 자

☐ **대출 한도**

('한도 등급별 최고한도'와 '연소득 × 한도 등급별 가중치' 중 적은 금액) − 당행 및 타 금융기관 신용대출(예금담보대출 및 주택담보대출 등을 제외한 순수 신용대출 건)

한도 등급별 최고한도 및 가중치

자체신용등급		1등급	2등급	3등급	4등급	5등급	6등급
개인신용 평가시스템	최고한도(백만 원)	100	100	80	80	70	60
	가중치	2.00	1.80	1.60	1.10	1.00	0.90

☐ **대출 기간 및 상환 방법**

대출기간은 5년 이내(대출기간의 $\frac{1}{3}$ 범위 내 최장 1년 거치 가능)로 하며 상환방법은 원(리)금균등할부상환으로 한다.

☐ **중도상환해약금**

중도상환해약금은 면제한다.

☐ **특약체결**

대출일부터 연체 없이 대출원리금을 성실히 납부하는 경우에는 대출 실행일로부터 3개월 단위로 0.1%p씩 감면(최대 2%p), 대출금이자 감면 이후에 연체 발생 시에는 최초 약정 당시의 가산금리로 환원하기로 한다.

직장인 우대 든든 신용대출

☐ **대출 대상자**

다음 각 호를 모두 충족하는 자로 한다.

1. 일반 법인기업체 또는 당행 전속 거래기업에서 1년 이상 재직하고 있는 자 (단, 대표자는 제외한다.)
2. 연간소득 3천만 원 이상인 자

☐ **대출한도**

개인별 대출한도는 다음 공식에 의거 산출된 금액 이내에서 최대 1억 원으로 한다.

대출한도 = ('연소득×신용등급별 가중치'와 '신용등급별 최고한도' 중 적은 금액)−당행 및 타 금융기관의 신용대출금액(현금서비스 포함)

신용등급별 최고한도 및 가중치

자체신용등급		1등급	2등급	3등급	4등급	5등급	6등급	7등급
개인신용 평가시스템	최고한도(백만 원)	100	100	100	90	80	70	60
	가중치	1.80	1.60	1.50	1.35	1.20	0.70	0.45

☐ **대출기간 및 상환방법**

1. 일시상환 : 1년 이내
2. 할부상환 : 7년 이내(거치기간 지정 불가)
3. 종합통장대출 : 1년 이내

□ 중도상환해약금
1. 중도상환해약금 : 중도상환금액 × 적용요율 × (잔여기간/대출기간)

구분	가계대출		기업대출	
	부동산 담보대출	신용/기타 담보대출	부동산 담보대출	신용/기타 담보대출
적용요율	1.4%	0.8%	1.4%	1.0%

2. 인지세 : 인지세법에 의해 대출약정 체결 시 납부하는 세금으로 대출금액에 따라 세액이 차등 적용되며, 각 50%씩 고객과 은행이 부담한다.

대출금액	인지세액
5천만 원 이하	비과세
5천만 원 초과 1억 원 이하	7만 원
1억 원 초과 10억 원 이하	15만 원
10억 원 초과	35만 원

22 위 대출상품에 대한 설명으로 적절하지 않은 것은?

① 최대한 장기간의 분할상환방식을 원하는 고객은 직장인 우대 든든 신용대출 상품이 적합하다.
② 대출기간 중에 원금을 상환하고자 하는 고객에게는 더베스트 희망대출이 유리하다.
③ 직장인 우대 든든 신용대출은 더베스트 희망대출보다 재직 기간 조건이 더 까다롭다.
④ 더베스트 희망대출을 4년간 분할상환조건으로 대출받은 고객은 연체 없이 대출원리금을 납부하면 최대 2.0%p씩 감면받을 수 있다.
⑤ 연소득 3천만 원 미만인 자는 직장인 우대 든든 신용대출을 받을 수 없다.

23 소기업 법인의 대표인 박 씨는 대출을 신청하려고 한다. 다음은 박 씨의 현재 대출 현황을 나타낸 것이다. 박 씨에게 적합한 대출 상품 및 최대 대출 가능 금액을 고르면?

1. 자체신용등급 : 2등급
2. 연소득 : 3,500만 원
3. 재직기간 : 1년 6개월
4. 대출 현황
   〈당행〉 비대면e신용대출 : 400만 원, 신용카드 현금서비스 : 30만 원
   예금담보대출 : 200만 원
   〈타행〉 주택담보대출 : 1,000만 원
   신용카드 카드론 : 70만 원

① 더베스트 희망대출, 4,600만 원
② 더베스트 희망대출, 5,100만 원
③ 더베스트 희망대출, 5,800만 원
④ 직장인 우대 든든 신용대출, 5,100만 원
⑤ 직장인 우대 든든 신용대출, 5,800만 원

[24~25] 코레일에서는 신입사원 최종합격자를 대상으로 부서배치를 하려고 한다. 신입사원 A~F의 평가점수와 부서배치 기준이 다음과 같을 때, 이를 보고 이어지는 물음에 답하시오.

영역별 신입사원 평가점수

구분	의사소통능력	리더십	외국어능력	창의력	협동성
A	9	6	9	8	8
B	6	9	7	8	6
C	7	10	7	9	6
D	9	9	10	7	7
E	7	9	9	8	7
F	6	8	7	10	7

부서배치 기준

1. 총무팀, 기획팀, 홍보팀은 평가영역별로 중시하는 영역에 가중치를 부여하고, 이에 따라 신입사원들의 점수 합한 총점이 달라진다.
   - 총무팀 - 의사소통능력, 협동성에 2배의 가중치 부여
   - 기획팀 - 창의력, 리더십에 2배의 가중치 부여
   - 홍보팀 - 의사소통능력, 외국어능력에 2배의 가중치 부여

2. 각 팀의 기준에 맞는 신입사원을 각 팀에 배치한다. 기획팀, 홍보팀, 총무팀 순서대로 사원을 배치하며, 기준에 맞는 사원이 겹치는 경우 순서에 따라 배치되지 않은 사원으로 배치한다. (예를 들어, 기획팀에 배치된 사원이 홍보팀 기준에도 맞는다면, 이 사원을 제외하고 총점이 높은 순서대로 홍보팀에 배치한다.)
   - 총무팀 - 총점 상위 2인을 배치한다.
   - 기획팀 - 총점 상위 2인을 배치한다.
   - 홍보팀 - 총점 상위 1인을 배치한다.

3. 위 3개 팀에 배치되지 않은 신입사원의 경우, 의사소통능력에 3배의 가중치를 부여한 총점이 가장 높으면 국내영업팀, 리더십에 3배의 가중치를 부여한 총점이 가장 높으면 신사업팀, 외국어능력에 3배의 가중치를 부여한 총점이 가장 높으면 해외영업팀에 배치한다.

24 총무팀에 배치되는 신입사원은?

① A, F
② B, C
③ A, D
④ C, D
⑤ E, F

25 A~F 중에서 총무팀, 기획팀, 홍보팀에 배치되지 않은 신입사원과, 이 사원이 배치되는 팀을 바르게 나열한 것은?

① A, 해외영업팀
② E, 해외업팀
③ C, 신사업팀
④ F, 국내영업팀
⑤ B, 신사업팀

코레일
한국철도공사

직업기초능력평가

박문각

코레일
한국철도공사

직업기초능력평가
봉투모의고사

/

2회

박문각

제2회 직업기초능력평가
(25문항 / 30분)

[01~02] 다음 글을 읽고 이어지는 물음에 답하시오.

고려 때 번성했던 상감청자의 뒤를 이어 고려 말에 등장한 분청사기는 조선 중기 이전까지 약 200년 동안 널리 쓰였다. 우리나라 도자기 중에서 가장 순박하고 서민적인 도자기였고, 일상에서 사용한 용기라고 보기 힘들 정도로 예술적 조형미도 빼어났다. 고려 말 퇴락해 가던 상감청자에서 탄생해 실용적 목적으로 사용되었던 분청사기는 어떻게 해서 상감청자와 같은 예술성을 얻게 되었을까? 분청사기의 역사적 형성 과정을 살펴보면 해답의 실마리를 찾을 수 있다.

고려 말까지는 국가에서 도자의 생산과 유통을 주관하였다. 서남해안 일부 지역에 설치되었던 관요(官窯)에서는 국가의 강력한 보호와 규제 속에 상감청자 등을 만들고 있었다. 이 도자들은 왕실과 사원, 귀족층을 위한 제품으로 규제 덕분에 품질이 일정했다. 국가의 철저한 감독 아래 도공들은 독점적 생산자로서 지위를 가질 수 있었지만, 동시에 신분의 구속과 강력한 규제를 받아야만 했다.

14세기 후반 고려 왕조가 쇠락해가자 도공들은 정치적 혼란과 왜구의 침입을 피해 살 길을 찾아 전국 각지로 흩어지게 되었다. 이 과정에서 전국적으로 민간 가마터인 민요(民窯)가 만들어졌다. 민요의 등장은 상감청자가 근본적으로 쇠퇴하는 계기가 되었다. 또한 도자기 수요가 서민층으로까지 확대되기 시작하면서 저렴한 생활 용기들을 제작하는 환경으로 바뀌었다.

환경은 바뀌었지만 당시의 상황에서는 새로운 기술을 도입하고 개발할 수가 없는데다가 이전에 사용하던 재료들을 구하기 쉽지 않았기 때문에 제품의 질이 일정하지 못하고 전반적으로 나빠지는 문제가 발생하였다. 하지만 도공들은 숙련된 제조 기술로 지역 특성에 맞는 질 좋은 제품들을 만들어 냈으며, 차츰 전통적인 도자 기술에서 벗어나 새로운 방식의 분장 기법들을 시도하기 시작했다. 이렇게 새로 만들어진 제품들은 상감청자의 전통을 이어나기는 했지만, 더 이상 상감청자와는 같지 않았다. 분청사기라는 새로운 전통 도자기 양식이 탄생한 것이다.

각 지방에서 유명한 분청사기들은 왕실이나 관에서 사용되기도 했다. 뛰어난 제품들은 공물로 중앙으로 보내지기도 했다. 그런데 대다수가 품질이 떨어지거나 중간에서 착복해서 사라지는 일이 발생하게 되자, 세종 3년부터 진상하는 분청사기 제품의 밑면에 장명(匠名)을 쓰게 했다. 이 조치로 인해 다시금 도자기 생산의 품질 관리가 가능하게 되었고, 도공들은 숙련된 전통의 경험 위에 그들 나름대로의 독특한 장인 정신을 펼칠 수 있었다. 이 과정에서 분청사기는 기능적이면서도 심미적인 조형미를 갖춘 예술 형식으로 발전해 갔다.

01 윗글의 분청사기에 관한 설명 중 적절하지 않은 것은?

① 각 지방의 민간 가마터에서 생산되었다.
② 고려 말에 등장하여 조선 중기 전까지 많이 만들어졌다.
③ 고려의 상감청자를 계승하였다.
④ 특정 계층을 위해 주로 생산하였다.
⑤ 서민적인 도자기였지만 예술적 조형미도 뛰어났다.

02 윗글 제목으로 가장 적절한 것은?

① 분청사기의 탄생과 발전과정　　　　② 분청사기의 특징
③ 전통 도자 양식의 종류　　　　④ 분청사기와 상감청자의 공통점
⑤ 분청사기 고유의 도자 기법

[03~04] 다음은 ○○구청의 공무국외출장 시행세칙 중 일부 내용이다. 이를 보고 이어지는 물음에 답하시오.

공무국외출장 시행세칙

제9조(여비청구) ① 요구부서장은 공무국외출장에 필요한 항공운임, 체재비 및 그 밖의 실제비용을 지급할 때에는 각 비용의 적정성 검토를 위해 공무국외출장 관리부서의 협조를 미리 받은 후 예산을 사용하여야 한다.

② 항공운임 및 체재비는 출장자가 출국 전에 지급받을 수 있도록 응대하며 출장국가에서 지불한 철도운임 등에 대한 실제비용은 귀국 후에 청구한다.

③ 철도운임 청구 시 출발지와 도착지, 사용횟수를 명확히 알 수 있는 일반승차권 또는 레일패스를 증빙서류로 제출해야 하며, 출장일정에 따른 현지 대중교통 사용운임은 도시 간 또는 국가 간 이동에만 실제비용으로 정산한다.

④ 이 세칙에 명시되지 않은 국외여비 지급 및 정산 등에 관련해서는 「여비 및 시험수당 지급세칙」 및 「공무원여비규정 및 여비업무 처리기준」을 준용한다.

제10조(귀국보고) ① 공무국외출장의 전반적인 내용을 기술하는 '공무국외출장 결과보고서'는 귀국 후 10일 이내에 요구부서장의 결재를 받아 관리부서장에게 제출하고, 그룹포털 해외출장보고서 자료실에 등록하여야 한다.

② 공무국외출장 결과보고서에는 다음 각 호의 내용을 포함하여 별지 제5호 서식에 따라 작성한다.

　1. 출장자의 인적사항, 일정표, 주요인사 면담내용(연락처 포함) 등
　2. 국내조사 자료와 현지조사 내용 구분
　3. 출장성과와 기대효과
　4. 제도개선 및 제안사항
　5. 출장국가 관련 사진자료
　6. 출장성과에 대한 전파·확산 계획

③ 출장자는 공무 항공마일리지 등록을 위해 항공마일리지 신고서 및 증빙서류를 관리부서로 제출하여야 한다.

---

03 윗글을 보고 〈보기〉의 ㉠~㉤ 중 시행세칙을 제대로 따르지 않은 것은?

┌─ 보기 ─
해당 부서장이자 국외출장 당사자인 김 주무관은 ㉠ 공무국외출장에 앞서 필요한 항공운임의 지급을 위해 공무국외출장 관리부서의 협조를 요청하였다. 그뿐만 아니라 ㉡ 공무국외출장 시 발생할 것으로 예상되는 체재비 또한 공무국외출장 관리부서에 사전에 보고하였다. 이에 ㉢ 공무국외출장 관리부서에서는 김 주무관의 국외출장 출국 전에 항공운임비를 지급하였으며, ㉣ 해당 출장국가에서 지불할 철도운임 또한 출장을 떠나기 전 미리 지급하였다. ㉤ 김 주무관은 철도운임 청구에 필요한 레일패스를 증빙서류로 제출할 예정이다.

① ㉠
② ㉡
③ ㉢
④ ㉣
⑤ ㉤

04 윗글에 대한 설명으로 옳은 것은?

① 요구부서장은 공무국외출장에 필요한 항공운임, 체재비 등을 지급할 수 있다.
② 출장자는 항공마일리지 신고서 및 증빙서류를 관리부서에 제출해 공무 항공마일리지 등록을 할 수 있다.
③ 출장자는 출장국가에서 지불한 철도운임에 대한 비용은 출국 전에 지급받을 수 있다.
④ 공무국회출장 결과보고서는 귀국 후 10일 이내에 공무국외출장 관리부서장의 결재를 받아야 한다.
⑤ 출장일정에 따른 현지 대중교통 사용운임은 국가 간 이동만 실제비용으로 정산한다.

[05~06] 다음 글을 읽고 이어지는 물음에 답하시오.

술을 만드는 데 가장 중요한 요소는 원료다. 술의 맛과 향은 원료의 품질에 의해 좌우되기 때문이다. 우리 술은 탁주, 약주, 증류식 소주로 분류되며 이들을 만들 때 쌀과 밀을 가장 많이 사용한다. 주류산업정보 실태조사에 따르면 전체 원료에서 쌀과 밀이 차지하는 비율은 각각 45%, 52%로 매우 높은 비중을 차지한다. 그러나 양조용 쌀의 64.2%가 외국산이라는 사실, 특히 탁주는 67.8%가 수입쌀로 빚어진다는 사실이 우리를 씁쓸하게 한다. 무늬만 우리 술이라고 해도 과언이 아니다.

외국산 원료를 사용하는 가장 큰 까닭은 역시 가격이다. 한 해 동안 쌀 수입량은 40만 8,000t으로, 이중 가공용 쌀의 가격은 1kg당 564원이었다. 정부미(나라미) 1kg이 1,761원인 것과 비교하면 3분의 1 수준이다. 햅쌀은 1kg당 1,800~2,000원 선이라 가격 차이가 더 크다. 쌀 가격이 높아지는 때는 국산 쌀 구매를 주저하는 양조장이 배는 더 늘어난다. 그러므로 양조장이 국산 쌀을 사용하게 하기 위해서는 국산 쌀을 사용하는 양조장에 혜택을 줘 자연스럽게 국산 쌀을 사용하도록 유도하는 전략이 필요하다.

우선 양조용 쌀 계약재배를 늘려야 한다. 몇몇 양조장은 고품질 술 생산 및 국산 쌀 소비촉진을 위해 농가들과 쌀을 계약재배하고 있다. 계약재배는 농가의 판로개척 부담을 줄여준다. 양조장은 품질 좋은 쌀을 시중보다 저렴하게 안정적으로 공급받는다. 물론 계약재배라도 수입쌀보다는 비싸다. 그러나 양조장과 농가 모두에게 도움이 되도록 쌀 보관·운반·포장비 등을 지원하는 정책도 필요하다.

국산쌀로 빚은 진짜 우리 술에는 세금 혜택을 주는 것도 좋은 방법이다. 국산쌀과 수입쌀의 가격 차이를 없앨 수 있게 원료 원산지에 따라 세율을 다르게 만드는 것을 추천한다.

주세 감면량을 늘리는 것도 큰 도움이 될 것으로 보인다. 현재에도 전통주(민속주·지역특산주)는 주세를 반으로 감면해주고 있다. 그러나 감면량이 발효주 500㎘, 증류주 250㎘ 이하로 매우 제한적인 혜택이다. 세금 혜택 물량이 늘어나면 국산 쌀의 소비도 자연스럽게 증가할 것이다.

술은 무엇보다 농산물이 많이 쓰이는 식품이다. 이제 우리 술을 일반주류의 한 종류로만 인식하지 말고 농산물 소비를 증가시킬 수 있는 가공식품으로 인식해야 한다. 정부는 국산 농산물을 많이 사용하는 진짜배기 우리 술이 많아질 수 있도록 과감한 규제 완화와 다양한 지원책을 펼치는 노력을 아낌없이 쏟아 부어야 한다.

05 윗글의 내용을 토대로 추론할 수 있는 것은?

① 수입산 쌀은 국내산 쌀에 비해 품질이 월등하다.
② 우리 술을 빚는 양조장은 맥주를 빚는 양조장에 비해 수가 적다.
③ 막걸리보다 맥주의 수요가 더 높다.
④ 우리 술의 사전적 개념은 국내산 원료로 만들어진 전통주이다.
⑤ 현재의 주세는 원료의 산지와 관련 없이 동일하게 책정되어 있다.

06 윗글의 논지를 종합하는 주제를 가장 바르게 정리한 것은?

① 국내산 원료를 사용한 우리 술이 많아지기 위해서는 정부의 지원 정책이 필요하다.
② 수입산 쌀로 우리 술을 만드는 양조장의 반성이 필요하다.
③ 우리 술 소비를 늘려야 한다.
④ 국내산 원료 가격을 수입산보다 낮추는 것이 진짜배기 우리 술이 늘어나는 방안이다.
⑤ 양조장들이 국내산 쌀을 기피하는 가장 큰 이유는 가격이다.

[07~08] 다음 보도자료를 보고, 이어지는 물음에 답하시오.

국토교통부, 한국철도공사(코레일), 국가철도공단은 대한민국 대표 철도기관으로 구성된 '철도 원팀코리아*'가 2023년 11월 20일부터 22일까지 우크라이나의 수도 키이우를 방문하였다고 밝혔다.
*3개 기관 : (코레일) 철도운영, (국가철도공단) 철도건설, (현대로템) 차량제작

이번 방문은 국토교통부 등 정부와 공공기관, 민간기업이 함께 참여한 '재건협력 원팀코리아'가 우크라이나를 최초로 방문해 양국 간 협력 프로젝트를 논의한 이후, 그 후속조치로 추진되었다. 철도 분야의 협력방안을 구체화하기 위해 철도 분야 공공·민간기업이 함께 원팀코리아를 구성해 우크라이나 현지를 방문하고 우크라이나 철도공사 면담 및 재건 필요현장 방문 등을 진행하였다. 우선, 11월 20일 '철도 원팀코리아'는 우크라이나 철도공사와 철도 재건사업을 위한 업무협약을 체결하였는데, '코레일 – 우크라이나 철도공사', '국가철도공단－우크라이나 철도공사'의 두 건이다. 이번 업무협약은 지난 9월 원팀 코리아가 우크라이나 정부와 함께 발표한 '6대 선도프로젝트*' 중 하나인 '철도노선 고속화' 사업과 추가 사업을 포함한 총 7개의 철도 재건사업**을 추진하기 위해 체결되었다.
* 키이우 교통 마스터플랜, 우만市 스마트시티 마스터플랜, 보리스필 공항 현대화, 부차市 하수처리시설, 카호우카 댐 재건지원, 철도노선 고속화(키이우~폴란드 등)
** △우크라이나~폴란드 국경구간 고속철도건설, △기존 선로(오데사~이즈마일~레니) 용량 증대 사업, △철도교통관제센터 신설, △고속철도 운영 및 차량 유지보수 인력 양성 공동 연수, △철도차량 유지보수 △철도차량 중수선 기지 건설 등

이를 위해 국가철도공단, 코레일, 현대로템은 상호 긴밀한 협의를 거쳐 각자의 전문성을 감안해 사업역할을 정립하였다. 우선, 고속철도 건설을 담당하는 국가철도공단은 '키이우~폴란드 국경구간 고속철도 건설'과 '오데사~이즈마일~레니 철도용량 증대 사업', '철도교통관제센터' 신설을 위한 사전타당성조사를 맡는다. 고속철도 운영 및 차량 유지보수를 담당하는 코레일은 운영사의 관점에서 철도 재건사업 전반에 대한 컨설팅 및 자문 역할을 수행한다. 특히, 이번 논의 과정에서는 우선 시행할 수 있는 분야인 철도 운영·유지보수 인력 확보를 위한 연수사업에 대해 우크라이나 철도공사와 함께 구체적 실행 방안을 검토하였다. 철도차량 제작 전문기업인 현대로템은 신규 철도차량(120량)의 제작 및 유지보수와 철도차량 중수선 사업을 수행한다.
'철도 원팀코리아'와 리아센코 예브헨(Liashchenko Yevhen) 우크라이나 철도공사 사장은 양국 철도의 탄탄한 협력 관계 구축에 뜻을 같이하고, 우크라이나 철도재건을 위해 긴밀히 소통하고 협력을 이어나가기로 하였다.

07 위 보도자료의 제목으로 가장 적절한 것은?
① '철도 원팀코리아' 우크라이나 키이우 방문
② '철도 원팀코리아' 우크라이나 철도 재건사업 본격 참여
③ 코레일, 우크라이나 철도공사와 업무협약 체결
④ 코레일, 우크라이나 재건사업에 자문역할로 참여
⑤ 대한민국 철도기관, 우크라이나 철도 재건사업에 참여하다

08 '철도 원팀코리아'에 대한 설명으로 옳은 것을 〈보기〉에서 모두 고르면?

┌ 보기 ┐
ⓐ 코레일, 국가철도공단, 현대로템 등 대한민국 대표 철도기관으로 구성되었다.
ⓑ 키이우에서 폴란드를 잇는 철도노선 고속화 사업을 추진하는 업무협약을 체결하였다.
ⓒ 철도 원팀코리아 중 현대로템은 신규 철도차량 제작 및 유지보수 등의 사업을 맡았다.
ⓓ 철도 원팀코리아 중 코레일은 다른 기관보다 우선적으로 사업 실행에 착수하였다.

① ㉠, ㉡, ㉢   ② ㉡, ㉢, ㉣
③ ㉠, ㉡   ④ ㉡, ㉢
⑤ ㉢, ㉣

09 다음은 홍보팀에서 사보를 담당하고 있는 문 대리가 신문기사를 바탕으로 개요를 작성한 것이다. 개요 수정 사항 중 옳지 않은 것은?

부정승차 집중단속 실시

설을 앞두고 전국에 한파(寒波)가 몰아치고 있다. 이번 한파가 이렇게 더 매섭게 느껴지는 까닭은 주머니 사정과 연관이 있을지도 모른다. 소득은 제자리인데 주거 부담, 교육비 부담이 점점 더 심해져 경제 상황은 나아지지 않고, 설 대목을 앞두고 돈 쓸 일이 늘어나 절로 마음이 움츠러드는데 한파까지 밀려오니 엎친 데 덮친 격이다. 이처럼 가정의 주머니 사정이 힘들다 보니 열차 탑승객 중 무전취식과 무임승차를 하다 걸리는 사람들도 최근 3년 새 57%나 늘었다고 한다. 하지만 이런 무임승차자들은 적발 시 막무가내로 떼를 쓰면서 상황을 무마하려 한다. 이럴 때 우리 현행법은 무임승차자들에게 요금의 10배를 물게 하고 있지만 현실적으로 서민들에게 10배가 넘는 벌금을 물리게 하는 제도는 더 이상 현실성이 없기에 실효성이 낮다는 평이 많다. … (중략) … 이를 개선하기 위해 코레일은 다음 달 13일부터 21일까지 부정·무임승차 예방을 위한 음성 안내 표출 설문조사와 표어 공모를 한다고 밝혔다. 설문조사와 표어 공모에 대한 자세한 사항은 코레일 홈페이지에서 확인할 수 있다.

무임승차 줄이기 운동의 필요성과 실천 방안

Ⅰ. **서론** : 무임승차 줄이기 운동의 필요성
Ⅱ. **본론** : 무임승차 줄이기 운동의 효과 …… ㉠
   1. 무임승차 예방을 위한 활동 …… ㉡
     가. 무임승차 방지를 위한 교육세미나 개최
     나. 캠페인, 유인물 등 교육자료 제작·배포
   2. 현행 무임승차 처벌의 실태
     가. 벌금 인상 계획 수립 …… ㉢
     나. 과도한 벌금보다 지킬 수 있는 벌금체계 마련
   3. 무임승차 대책 수립
     가. 성숙한 시민의식 운동 전개
     나. 무임승차 시 개찰구의 음성안내 강화 …… ㉣
     다. 무임승차 적발 감시단 인력 보충
Ⅲ. **결론** : 무임승차 방지 결과의 구체적 사례 제시 …… ㉤

---

① ㉠ : 주제에 맞도록 '무임승차 줄이기 운동의 실천 방안'으로 고친다.
② ㉡ : '무임승차 예방을 위한 교육 활동'으로 구체화한다.
③ ㉢ : 상위항목에 어울리지 않으므로 Ⅱ-3의 하위항목으로 옮긴다.
④ ㉣ : 부정·무임승차 예방을 위한 시민들의 음성안내 표어 공모를 예로 들며 시민들에게 홍보효과와 협조를 촉구한다.
⑤ ㉤ : 글 전체의 흐름에 맞게 '무임승차 줄이기 운동의 실천 촉구'로 바꾼다.

[10~11] 다음은 2024년 4~5월 우리나라 전자산업 월별 수출입액에 관한 자료이다. 이를 보고 이어지는 물음에 답하시오.

2024년 4~5월 우리나라 전자산업 월별 수출입액 현황

(단위 : 만 달러)

구분		수출액		수입액	
		2024년 4월	2024년 5월	2024년 4월	2024년 5월
노트북, 태블릿PC	소계	54,915	53,313	77,975	90,241
	노트북	8,122	10,732	44,210	47,261
	태블릿PC	46,793	42,581	33,765	42,980
스마트폰 및 관련 장비	소계	78,133	94,518	88,380	172,527
	스마트폰	76,080	92,333	86,364	170,211
	관련 장비	2,053	2,186	2,016	2,317
소형 가전제품	소계	9,013	9,887	18,430	23,367
	공기청정기	4,662	4,602	8,690	10,315
	청소기	4,187	5,079	7,547	9,710
	선풍기	164	207	2,193	3,342
대형 가전제품	소계	75,343	90,690	80,768	96,421
	냉장고	6,376	7,698	19,886	26,971
	건조기	452	274	186	238
	에어컨	7,632	6,733	4,179	4,916
	세탁기	30,285	37,253	25,816	30,475
	TV	30,598	38,733	30,701	33,822
전기전자부품	소계	1,443,136	1,342,042	381,435	429,602
	반도체	1,146,436	1,047,499	297,098	334,823
	디스플레이	226,360	216,676	35,248	38,850
	전자관	513	346	507	593
	콘덴서	15	21	70	197
	수동부품	13,316	14,792	16,051	18,329
	PCB	37,410	40,986	18,169	20,531
	접속부품	18,139	20,556	12,446	14,125
	기타 전자 부품	947	1,166	1,847	2,154
소계	소계	1,660,540	1,590,451	646,987	812,159

10 위 자료에 대한 설명으로 옳은 것을 〈보기〉에서 모두 고르면?

┌ 보기 ┐
ㄱ 4월과 5월 수출액과 수입액 모두 전기전자부품의 비중이 가장 크다.
ㄴ 5월 수입액이 전월 대비 가장 큰 비율로 증가한 부문은 전기전자부품 중 콘덴서이다.
ㄷ 5월 에어컨의 전월 대비 수입액 증가율은 전월 대비 수출액 감소율보다 더 작다.
ㄹ 4월과 5월 모두 공기청정기 수입액이 수출액의 2배 이상이다.

① ㄱ, ㄴ
② ㄴ, ㄹ
③ ㄱ, ㄴ, ㄷ
④ ㄴ, ㄷ, ㄹ
⑤ ㄱ, ㄴ, ㄷ, ㄹ

11 위 자료에 대한 설명으로 옳지 않은 것은?

① 전기전자부품 중 4월 대비 5월 수출액이 감소한 부문은 3개이다.
② 2024년 5월 노트북의 수출액과 수입액은 모두 전월 대비 증가하였다.
③ 2024년 4월 소형 가전제품 수출액 중 공기청정기의 비중이 절반 이상이다.
④ 5월 반도체의 수출액은 전월 대비 10% 이상 감소했다.
⑤ 대형 가전제품의 5월 수입액은 전월 대비 모두 증가하였다.

[12~13] ○○대학교에 재학 중인 A씨는 대학교 내 셔틀버스 도입을 건의하기 위해 2022~2023년 전체 학생 수의 절반에 해당하는 일부 학과 학생을 대상으로 주로 이용하는 통학수단이 무엇인지 설문조사하였다. 이를 보고 이어지는 물음에 답하시오.

2022~2023년 ○○대학교 학과별 주요 통학수단

(단위 : 명)

구분	2022년			2023년		
	버스	지하철	택시	버스	지하철	택시
경영학과	32	11	24	34	19	26
실용예술학과	22	24	12	35	14	28
컴퓨터공학과	26	12	7	26	34	16
뮤지컬학과	16	35	8	28	20	11
화학공학과	31	21	15	19	31	8
국어국문학과	21	12	9	19	28	24
일어일문학과	10	18	7	37	22	19
중어중문학과	25	12	16	20	13	5

12 위 자료에 대한 〈보기〉의 설명으로 옳지 않은 것은?

┌ 보기 ┐
ㄱ 2023년 조사 대상인 모든 학과에서 버스를 이용하는 학생 수는 택시를 이용하는 학생 수보다 많다.
ㄴ 2022년 대비 2023년 버스를 이용하는 뮤지컬학과 학생 수는 75% 증가하였다.
ㄷ 2022년 대비 2023년 지하철을 이용하는 학생 수는 2개의 과를 제외하고 모든 학과에서 증가하였다.
ㄹ 2023년 일어일문학과에서 버스를 이용하는 학생 수는 택시를 이용하는 학생 수의 2배 이상이다.

① ㄱ, ㄴ
② ㄱ, ㄷ
③ ㄱ, ㄹ
④ ㄴ, ㄷ
⑤ ㄴ, ㄹ

13 2024년 ○○대학은 셔틀버스를 도입하였다. 2024년 전체 학생 수는 전년 대비 25% 증가하였고, 전체 학생의 30%가 셔틀버스를 이용한다고 할 때, 셔틀버스를 이용하는 학생은 몇 명인가?

① 201명
② 306명
③ 402명
④ 509명
⑤ 608명

[14~15] 다음은 OECD 주요 13개국의 책 판매액에 관한 자료이다. 이를 보고 이어지는 물음에 답하시오.

OECD 주요 13개국 책 판매액 현황

(단위 : 100만 달러)

국가별	2019년	2020년	2021년	2022년	2023년
미국	161,632	172,901	191,918	205,418	205,940
스페인	58,159	62,637	65,111	56,571	60,503
프랑스	53,640	56,572	58,147	44,858	42,481
일본	36,613	41,753	49,971	45,505	41,527
이탈리아	41,185	43,912	45,488	39,449	40,246
독일	38,136	41,279	43,321	36,908	37,433
오스트레일리아	31,947	31,261	35,878	34,246	37,040
영국	14,576	15,131	18,854	24,982	30,678
멕시코	12,739	13,949	16,208	17,734	19,650
오스트리아	18,894	20,236	20,824	18,235	19,260
터키	25,345	27,997	29,552	26,616	18,743
캐나다	17,407	17,656	17,742	16,541	18,021
한국	13,429	14,629	17,836	15,214	17,332

14 위 자료에 대한 설명으로 옳지 않은 것은?

① 멕시코의 책 판매액은 매년 꾸준히 증가하고 있다.
② 오스트레일리아의 책 판매액은 매년 한국의 2배 이상이다.
③ 2019년 영국의 순위는 2022년과 다르다.
④ 책 판매액은 매년 미국이 가장 많다.
⑤ 한국은 매년 책 판매액이 가장 적다.

15 1달러는 1,250원이고, 1,000원은 960파운드일 때, 2022년과 2023년의 영국의 평균 책 판매액은 몇 파운드인가?

① 313,960억 파운드
② 323,960억 파운드
③ 333,960억 파운드
④ 343,960억 파운드
⑤ 353,960억 파운드

[16~17] 다음은 2024년 기준 철도 운임 원가 정보에 관한 자료이다. 이를 보고 이어지는 물음에 답하시오.

(단위: 억 원)

항목	결산					예산	
	2019년	2020년	2021년	2022년	2023년	2024년	비중(%)
Ⅰ. 총괄원가(1+2)	24,684	25,040	26,453	A	28,111	31,016	100.0
1. 적정원가(①-②)	21,553	22,010	23,629	24,960	23,625	26,279	84.7
① 영업비용	21,553	22,010	23,629	24,960	23,625	26,279	84.7
㉠ 인건비	7,449	6,219	7,380	7,544	7,827	8,431	27.2
㉡ 판매비와 일반관리비	924	844	799	895	774	755	2.4
간접부서의 경비	825	795	765	855	733	717	2.3
연구관련 경비	68	25	12	18	12	24	0.08
판매촉진비 등	31	24	22	22	29	14	0.05
㉢ 기타 경비	13,180	14,947	15,450	16,521	15,024	B	55.1
감가상각비	2,471	2,279	2,579	2,864	2,945	2,939	9.5
동력비	2,540	2,646	2,543	2,371	2,308	2,435	7.9
선로사용료	5,061	5,467	6,574	6,945	5,914	6,242	20.1
수선유지비 등 기타	3,108	4,555	3,754	4,341	3,857	5,477	17.7
② 지원금	—	—	—	—	—	—	
2. 적정투자보수(①×②)	3,131	3,030	2,824	4,604	4,486	4,737	15.3
① 운임기저	71,329	69,971	72,304	75,413	79,643	84,222	—
② 적정투자보수율	4.39%	4.33%	3.91%	6.11%	5.63%	5.62%	—
Ⅱ. 총수입(1×2)	22,754	23,374	25,836	26,854	C	25,641	—
1. 수요량(1억 인-km)	226	231	234	237	220	—	—
2. 적용단가(원/인-km)	101.0	101.3	110.2	113.1	108.8	—	—

16 다음 중 위 표의 빈칸 A, B, C에 알맞은 수치를 바르게 나열한 것은?

	A	B	C
①	29,564	17,093	23,936
②	29,564	14,483	23,936
③	29,564	17,093	25,370
④	29,301	14,483	23,936
⑤	29,301	17,093	25,370

17 위 자료에 대한 설명으로 옳지 않은 것은?

① 기타 경비는 항상 인건비의 2배 이상이다.
② 2019년부터 2023년까지 인건비와 감가상각비의 증감 추이는 같다.
③ 2019년부터 2022년까지 선로사용료는 매년 증가하였다.
④ 2020년 총수입액은 2조 3,374억 원이다.
⑤ 적정원가가 가장 낮았던 해는 2019년이다.

[18~19] 다음은 P사의 통역경비 산정 기준에 대한 내용이다. 이를 보고 이어지는 물음에 답하시오.

통역경비 산정 기준

통역경비는 통역료와 출장비(교통비, 이동보상비)의 합으로 산정한다.

○ 통역료(통역사 1인당)

구분	기본비용 (3시간까지)	추가비용 (3시간 초과 시)
영어, 스페인어, 독일어	700,000원	200,000원/시간
일본어, 중국어	800,000원	250,000원/시간

○ 출장비(통역사 1인당)
- 교통비는 왕복으로 실비 지급
- 이동보상비는 이동 시간당 10,000원 지급

18 다음은 P사가 독일에서 개최한 M사의 설명회에 통역 업무로 참여한 내용이다. 이때 P사가 M사로부터 받아야 하는 총 통역경비는?

> P사는 2024년 1월 18일 독일에서 개최한 M사의 설명회에 통역 업무로 참여하였다. 통역은 독일어와 중국어로 진행되었고, 독일어 통역사 3명과 중국어 통역사 1명이 통역하였다. 설명회에서 통역사 1인당 독일어 통역은 3시간, 중국어 통역은 1시간 진행되었다. 독일까지는 편도로 11시간이 소요되며, 개인당 교통비는 왕복으로 800,000원이 들었다.

① 698만 원
② 702만 원
③ 739만 원
④ 751만 원
⑤ 774만 원

19 다음은 P사가 일본에서 개최한 도쿄국제영화제에 통역 업무로 참여한 내용이다. 이때 P사가 도쿄국제영화제 주최자로부터 받아야 하는 총 통역경비는?

> P사는 2023년 12월 2일 일본에서 개최한 도쿄국제영화제에 통역 업무로 참여하였다. 통역은 일본어와 영어로 진행되었고, 일본어 통역사 4명과 영어 통역사 2명이 통역하였다. 영화제에서 통역사 1인당 일본어 통역은 6시간, 영어 통역은 3시간 진행되었다. 일본까지는 왕복 4시간이 소요되며, 개인당 교통비는 편도로 250,000원이 들었다.

① 1041만 원
② 1063만 원
③ 1084만 원
④ 1092만 원
⑤ 1108만 원

[20~21] 신제품 출시 행사를 담당하는 총무팀 정 과장은 만찬이 예정된 W호텔로부터 다음과 같은 견적서를 받았다. 이를 보고 이어지는 물음에 답하시오.

견적서

행사명 : H기업 신제품 출시 행사
행사형식 : 만찬
일시 : 2024년 1월 5일(금) 16:00~19:00
인원 : 320명
장소 : W호텔 로즈홀

구분	항목		단가(원)	수량	견적가(원)	비고사항
식음료	뷔페	A	40,000	–		
		B	30,000	320	9,600,000	
		C	20,000	–		
	와인	A	80,000	–		
		B	70,000	35	2,450,000	
		C	60,000	–		
	식음료 소계				12,050,000	
장식	얼음 장식	대	700,000	–		
		소	550,000	3	1,650,000	
	꽃 장식	대	1,000,000	2	2,000,000	
		소	500,000	–		
	현수막	특대	130,000	–		
		일반	90,000	3	270,000	
	장식 소계				3,920,000	
	합계				15,970,000	

20 정 과장은 견적서를 박 부장에게 보고한 결과 아래와 같은 지시사항을 받았다. 김 부장이 지시한 내용을 토대로 예약사항을 변경하려고 할 때, 다음 중 위 견적서와 달라지지 않은 항목은?

> 정 과장, 신제품 출시 행사 견적서에 수정사항이 있으니 처리하고 보고해줘요. 식음료 부분 예산은 500만 원이니 행사 인원은 1/4로 축소하고, 와인 수량도 10병으로 줄이도록 해요. 단, 5,000,000원을 초과하지 않으면 와인 등급을 한 단계 높이기로 하죠. 아, 얼음 장식은 큰 것으로 바꾸도록 하고, 현수막은 특대로 2장 더 추가해주세요. 대신 장식 부분의 예산이 5,000,000원을 초과할 경우, 꽃 장식 크기를 조정해 예산을 맞추도록 하세요.

① 예약인원　　　　　　　　　② 와인 등급
③ 꽃 장식 크기　　　　　　　④ 현수막 수량
⑤ 얼음 장식 크기

21 위의 문제에서 변경된 사항을 모두 적용한다면 필요한 예산은 최소 얼마인가?

① 783만 원   ② 802만 원

③ 839만 원   ④ 874만 원

⑤ 908만 원

[22~23] 다음은 코레일의 열차 편성 정보와 할인제도 일부이다. 이를 보고 이어지는 물음에 답하시오.

코레일 할인제도

장애 할인	1~3급	50%(보호자 1명 포함)
	4~6급	KTX, 새마을호 - 30%(본인만 해당) 무궁화호 - 50%(본인만 해당)
기초생활 할인		코레일 멤버십 회원 중 기초생활수급자 KTX, 새마을호, ITX청춘, 무궁화호의 열차별 승차율에 따라 30%까지 할인 1인 1회 1매, 1일 2회
동반유아 할인		4세 미만 유아는 75% 할인(어른 1명당 동반유아 2명까지)
유공자 할인		6회까지 무임 6회 초과 시부터는 50% 할인 (독립유공자와 상이등급 1~2등급은 동반보호자 1명 포함)
청년 할인		코레일 멤버십 회원 중 만 25~33세까지 청년 열차별 승차율에 따라 지정된 좌석을 10~40%까지 할인 (특실요금은 할인하지 않음)

열차 편성 정보

열차번호	차량유형	출발지/출발시간	도착지/도착시간	특실	일반실	자유석/입석
KTX163	KTX	서울 10:17	여수 13:34	83,700원	59,800원	56,800원
1013	새마을호	서울 11:06	여수 15:47	-	42,600원	40,500원
1211	무궁화호	서울 11:15	여수 17:08	-	28,600원	24,300원
1007	ITX/새마을호	서울 11:45	여수 16:34	-	42,600원	40,500원
KTX109	KTX	서울 12:00	여수 14:42	83,700원	59,800원	56,800원
1017	ITX/새마을호	서울 12:15	여수 16:58	-	42,600원	40,500원

22 다음 제시된 사례별 열차요금을 바르게 계산한 것은?

> (가) 여수에 사는 장애 4급인 A씨는 통원치료차 서울 소재의 병원에 들렀다가 집으로 가기 위해 배우자 B씨와 함께 KTX163 일반실 열차(KTX)를 이용했다.
> (나) 1세, 2세, 4세 자녀를 둔 C씨는 1013 열차(새마을)를 이용하여 여수에 사는 부모님을 뵙기로 하였다.
> (다) 만 25세인 D씨는 코레일 멤버십 회원이다. 동갑내기 친구 E씨와 함께 특별한 여수여행을 즐기기로 하여 생애 최초로 KTX109 특실 열차(KTX)를 이용해 볼 계획이다.

	(가)	(나)	(다)
①	101,660원	106,500원	167,400원
②	101,660원	106,500원	169,400원
③	101,310원	139,100원	167,400원
④	101,310원	149,100원	169,400원
⑤	101,660원	159,100원	167,400원

23 다음은 여수로 출발하는 열차표를 구매한 승객의 구매조건이다. 이를 바르게 이해한 것은?

구분	구매조건
A씨	• 기초생활 할인 20% • 희망도착시간 : 14시 00분 전까지
B씨	• 청년 할인 10% (할인한 요금이 4만 원 이하일 것) • 일반석 • 희망도착시간 : 15시 30분 ~ 17시 30분
C씨	• 장애 할인 30% • 희망도착시간 : 14시 30분 전까지

① A씨가 탈 열차는 11시 6분에 출발한다.

② B씨의 이용조건에 부합하는 열차 중 최저요금은 17,160원이다.

③ B씨의 이용조건에 부합하는 열차는 두 개이다.

④ C씨의 이용조건에 부합하는 열차는 A씨가 탈 열차와 동일하다.

⑤ C씨는 여수에 도착하여 당일 여행 후 서울행 열차표를 구매할 때 동일한 조건으로 예매할 수 없다.

[24~25] 다음에 제시된 관세 관련 규정을 참고하여 이어지는 물음에 답하시오.

관세 관련 규정

- 물품을 수입할 경우 과세표준에 품목별 관세율을 곱한 금액을 관세로 납부해야 한다. 단, 과세표준이 20만 원 미만이고, 개인이 사용할 목적으로 수입하는 물건에 대해서는 관세를 면제한다.
- 과세표준은 판매자에게 지급한 물품가격, 수입 국가에 납부한 세금, 수입 국가 내 운송료, 수입 국가에서 한국까지의 운송료를 합한 금액을 원화로 환산한 금액으로 한다. 단, 수입 국가에서 한국까지의 운송료는 실제 지불한 운송료가 아닌 다음의 국제선편요금을 적용한다.

중량	0.5kg~1kg 미만	1kg~1.5kg 미만
금액	10,000원	15,000원

- 과세표준 환산 시 환율은 관세청장이 정한 '고시환율'에 따른다(현재 고시환율 : 1,200원/1달러).

24 가격이 40달러이고 중량이 1.2kg인 물품을 수입하였다. 수입 국가에 납부한 세금의 세율은 물품 가격의 15%이고, 수입 국가 내 운송료는 없을 때, 과세표준은 얼마인가?

① 67,500원 ② 68,900원
③ 70,200원 ④ 71,400원
⑤ 72,800원

25 A가 한국에서 개인이 사용할 목적으로 미국 소재 인터넷 쇼핑몰에서 물품가격과 운송료를 지불하고 전자기기를 구입하였다. 다음 조건을 참고하였을 때, A가 지출한 총 금액은?

- 전자기기 가격 : 120달러
- 미국에서 한국까지의 운송료 : 30달러
- 지불시 적용된 환율 : 1,300원/1달러
- 전자기기 중량 : 0.9kg
- 전자기기에 적용되는 관세율 : 10%
- 미국 내 세금 및 미국 내 운송료는 없다.

① 142,000원 ② 156,200원
③ 180,000원 ④ 181,500원
⑤ 195,000원

코레일
한국철도공사
직업기초능력평가

박문각

코레일
한국철도공사

직업기초능력평가
봉투모의고사

/

3회

박문각

제3회 직업기초능력평가

(25문항 / 30분)

[01 ~ 02] 다음 글을 읽고 이어지는 물음에 답하시오.

원래 주식중개인이었던 고갱은 1880년부터 아마추어로 그림을 그리고 있었다. 어느 날 고갱은 젊은 시골 부부에게 신세를 졌고, 마을에서 아름다운 미인이라고 평판이 자자했던 그 부부의 부인에게 고마움의 표시로 초상화를 그려주었다. 그러나 초상화를 받은 부인은 고마워하기는커녕 추한 그림이라며 불만을 표시하였고 다시 고갱에게 돌려보냈다. 훗날 <아름다운 아젤>이라는 이름이 붙은 이 그림은 프랑스에서 비싼 값으로 팔리게 되었다. 이에 안타까움을 느낀 한 남자가 "그 초상화를 받아서 지금껏 가지고 계셨더라면 큰 돈을 벌 수 있었을텐데요."라고 부인에게 이야기하였지만 그 부인은 "저와는 하나도 닮지도 않은 그런 추한 그림은 차라리 안 가지고 있는 것이 좋아요. 오히려 가지고 있었다면 더 수치스러웠을 겁니다. 아무리 비싼 값에 팔리는 그림이라 해도 저는 후회하지 않아요."라고 대답하였다.

사람들은 그림에 대해서 실제와 근접하거나 심지어 똑같아야 한다는 생각이 있다. 미술의 역사를 보면 그림이 피사체와 얼마나 닮았는지에 따라 화가의 능력을 평가했던 시대가 있었다. 그래서 화가는 피사체를 그대로 모방하는 기술로 능력을 인정받았다. 미술사의 발전에 있어서 피사체를 보고 모방했었던 과거가 하나의 축을 담당했던 것은 사실이다. 하지만 그림이란 사진과는 다르다. 같은 풍경을 본 세 명의 화가가 풍경화를 그려도 그림을 완성하고 나면 세 화가의 풍경화는 완전히 다른 풍경을 묘사한 것처럼 보일 수 있다. 이렇듯 그림은 그리는 작가에 따라 주관적일 수밖에 없으며 똑같은 풍경을 찍어내는 사진과 다르게 화가들에게는 완벽한 모방이 불가능하다.

'그림 같은 풍경'이라고 표현은 하지만 '사진 같은 풍경'이라는 말은 하지 않는다. 고갱이 그린 <아름다운 아젤>이라는 작품은 알고 보면 부인의 있는 그대로의 모습을 그린 것이 아닌 자신의 주관적인 느낌을 그린 것이다. 즉 고갱은 자신의 느낌을 드러낸 단순한 묘사품이 아닌 예술 작품을 그린 것이다.

01 윗글에서 말하고자 하는 내용으로 가장 적절한 것은?

① 화가는 자신의 주관적 느낌으로 작품을 그린다고 말하고 있다.
② 미술 감상이 왜 필요한지를 소개하고 있다.
③ 미술 작품 감상이 무엇인지와 어떻게 하는 것인지 소개하고 있다.
④ 화가가 미술 감상 대중화를 위해 무엇을 해야 하는지 소개하고 있다.
⑤ 미술 감상을 통해 얻을 수 있는 장단점을 이야기하고 있다.

02 윗글에서 사용한 서술 방식이 아닌 것은?

① 구체적인 사례를 제시하며 현상에 의미를 부여한다.
② 사례를 통해 흥미를 유발한다.
③ 실제 있었던 일을 바탕으로 말하고자 하는 주제를 이끌어낸다.
④ 상반된 두 가지 주장을 소개하고 비판점을 찾아 절충안을 제시한다.
⑤ 서로 다른 관점의 사례를 제시하여 화자의 전달력을 높인다.

[03~04] 다음 글을 읽고 이어지는 물음에 답하시오.

정부는 국민 생활에 영향을 미치는 활동의 총체인 정책의 목표를 효과적으로 달성하기 위해 정책 수단의 특성을 고려하여 정책을 수행한다. 정책 수단은 강제성, 직접성, 자동성, 가시성의 네 가지 측면에서 다양한 특성을 갖는다. 강제성은 정부가 개인이나 집단의 행위를 제한하는 정도로서, 유해 식품 판매 규제는 강제성이 높다. 직접성은 정부가 공공 활동의 수행과 재원 조달에 직접 관여하는 정도를 의미한다. 정부가 정책을 직접 수행하지 않고 민간에 위탁하여 수행하게 하는 것은 직접성이 낮다. 자동성은 정책을 수행하기 위해 별도의 행정 기구를 설립하지 않고 기존의 조직을 활용하는 정도를 말한다. 전기 자동차 보조 제도를 기존의 시청 환경과에서 시행하는 것은 자동성이 높다. 가시성은 예산 수립 과정에서 정책을 수행하기 위한 재원이 명시적으로 드러나는 정도이다. 일반적으로 사회 규제의 정도를 조절하는 것은 예산 지출을 수반하지 않으므로 가시성이 낮다.

정책 수단 선택의 사례로 환율과 관련된 경제 현상을 살펴보자. 외국 통화에 대한 자국 통화의 교환 비율을 의미하는 환율은 장기적으로 한 국가의 생산성과 물가 등 기초 경제 여건을 반영하는 수준으로 수렴된다. 그러나 단기적으로 환율은 이와 괴리되어 움직이는 경우가 있다. 만약 환율이 예상과는 다른 방향으로 움직이거나 또는 비록 예상과 같은 방향으로 움직이더라도 변동 폭이 예상보다 크게 나타날 경우, 경제 주체들은 과도한 위험에 노출될 수 있다. 환율이나 주가 등 경제 변수가 단기에 지나치게 상승 또는 하락하는 현상을 오버슈팅(overshooting)이라고 한다. 이러한 오버슈팅은 물가 경직성 또는 금융 시장 변동에 따른 불안 심리 등에 의해 촉발되는 것으로 알려져 있다. 여기서 물가 경직성은 시장에서 가격이 조정되기 어려운 정도를 의미한다. 물가 경직성에 따른 환율의 오버슈팅을 이해하기 위해 통화를 금융 자산의 일종으로 보고 경제 충격에 대해 장기와 단기에 환율이 어떻게 조정되는지 알아보자.

경제에 충격이 발생할 때 물가나 환율은 충격을 흡수하는 조정 과정을 거치게 된다. 물가는 단기에는 장기 계약 및 공공요금 규제 등으로 인해 경직이지만 장기에는 신축으로 조정된다. 반면 환율은 단기에서도 신축적인 조정이 가능하다. 이러한 물가와 환율의 조정 속도 차이가 오버슈팅을 초래한다. 물가와 환율이 모두 신축으로 조정되는 장기에서의 환율은 구매력 평가설에 의해 설명되는데, 이에 의하면 장기의 환율은 자국 물가 수준을 외국 물가 수준으로 나눈 비율로 나타나며, 이를 균형 환율로 본다. 가령 국내 통화량이 증가하여 유지될 경우 장기에서는 자국 물가도 높아져 장기의 환율은 상승한다. 이때 통화량을 물가로 나눈 실질 통화량은 변하지 않는다.

그런데 단기에는 물가의 경직성으로 인해 구매력 평가설에 기초한 환율과는 다른 움직임이 나타나면서 오버슈팅이 발생할 수 있다. 가령 국내 통화량이 증가하여 유지될 경우, 물가가 경직이어서 실질 통화량은 증가하고 이에 따라 시장 금리는 하락한다. 국가 간 자본 이동이 자유로운 상황에서, 시장 금리 하락은 투자의 기대 수익률 하락으로 이어져, 단기성 외국인 투자 자금이 해외로 빠져나가거나 신규 해외 투자 자금 유입을 위축시키는 결과를 초래한다.

이 과정에서 자국 통화의 가치는 하락하고 환율은 상승한다. 통화량의 증가로 인한 효과는 물가가 신축적인 경우에 예상되는 환율 상승에, 금리 하락에 따른 자금의 해외 유출이 유발하는 추가적인 환율 상승이 더해진 것으로 나타난다. 이러한 추가적인 상승 현상이 환율의 오버슈팅인데, 오버슈팅의 정도 및 지속성은 물가 경직성이 클수록 더 크게 나타난다. 시간이 경과함에 따라 물가가 상승하여 실질 통화량이 원래 수준으로 돌아오고 해외로 유출되었던 자금이 시장 금리의 반등으로 국내로 복귀하면서, 단기에 과도하게 상승했던 환율은 장기에는 구매력 평가설에 기초한 환율로 수렴된다.

단기의 환율이 기초 경제 여건과 괴리되어 과도하게 급등락하거나 균형 환율 수준으로부터 장기간 이탈하는 등의 문제가 심화되는 경우를 예방하고 이에 대처하기 위해 정부는 다양한 정책 수단을 동원한다.

오버슈팅의 원인인 물가 경직성을 완화하기 위한 정책 수단 중 강제성이 낮은 사례로는 외환의 수급 불균형 해소를 위해 관련 정보를 신속하고 정확하게 공개하거나, 불필요한 가격 규제를 축소하는 것을 들 수 있다. 한편 오버슈팅에 따른 부정적 파급 효과를 완화하기 위해 정부는 환율 변동으로 가격이 급등한 수입 필수 품목에 대한 세금을 조절함으로써 내수가 급격히 위축되는 것을 방지하려고 하기도 한다. 또한 환율 급등락으로 인한 피해에 대비하여 수출입 기업에 환율 변동 보험을 제공하거나, 외화 차입 시 지급 보증을 제공하기도 한다. 이러한 정책 수단은 직접성이 높은 특성을 가진다. 이와 같이 정부는 기초 경제 여건을 반영한 환율의 추세는 용인하되, 사전적 또는 사후적인 미세 조정 정책 수단을 활용하여 환율의 단기 급등락에 따른 위험으로부터 실물 경제와 금융 시장의 안정을 도모하는 정책을 수행한다.

03 윗글의 내용에 비추어 볼 때, 〈보기〉에 제시된 정책 중 그 성격이 같은 두 가지는?

┌─ 보기 ┐
ⓐ 유해 식품 판매 규제
ⓑ 소비자 보호원의 중재
ⓒ 인터넷 쇼핑의 환불 규정 권고안
ⓓ 불법 스포츠 도박 규제
ⓔ 노후 건물 철거 권고
└──────────────────┘

① ㉠, ㉢   ② ㉠, ㉣
③ ㉡, ㉣   ④ ㉢, ㉣
⑤ ㉣, ㉤

04 윗글의 내용을 바르게 이해하지 못한 것은?
① 오버슈팅의 원인에는 물가 경직성이 포함된다.
② 수출입 기업에 대한 외화 차입 시 지급 보증 제공은 물가 경직성 완화를 위한 정부의 정책수단 중 하나이다.
③ 환율이 단기간 내에 지나치게 급락한다면 오버슈팅으로 볼 수 있다.
④ 금융 시장 변동에 따른 불안 심리는 오버슈팅을 완화한다.
⑤ 강제성이 높은 정책에는 유해 식품 판매 규제가 있다.

[05~06] 다음은 '철도사업법 시행규칙'의 세부 규칙과 관련한 내용이다. 이를 보고 이어지는 물음에 답하시오.

제2조(사업용철도노선의 지정·고시) ① 「철도사업법」(이하 "법"이라 한다) 제4조의 규정에 의하여 국토교통부장관은 「철도의 건설 및 철도시설 유지관리에 관한 법률」 제9조에 따른 철도건설사업실시계획을 승인·고시한 날부터 1월 이내에 사업용철도노선을 지정한다. 이 경우 철도건설사업실시계획을 구간별 또는 시설별로 승인·고시하는 때에는 당해 철도건설사업실시계획을 전부 승인·고시한 날부터 1월 이내에 사업용철도노선을 지정할 수 있다.
　② 국토교통부장관은 제1항의 규정에 의하여 사업용철도노선을 지정한 경우에는 이를 관보에 고시하여야 한다. 고시한 사항의 변경이 있거나 사업용철도노선의 폐지가 있는 때에도 또한 같다.

제2조의2(사업용철도노선의 유형 분류) ① 법 제4조 제2항 제1호의 운행지역과 운행거리에 따른 사업용철도노선의 분류기준은 다음 각 호와 같다.
　1. 간선철도 : 특별시·광역시·특별자치시 또는 도 간의 교통수요를 처리하기 위하여 운영 중인 10km 이상의 사업용철도노선으로서 국토교통부장관이 지정한 노선
　2. 지선철도 : 제1호에 따른 간선철도를 제외한 사업용철도노선
　② 법 제4조 제2항 제2호의 운행속도에 따른 사업용철도노선의 분류기준은 다음 각 호와 같다.
　1. 고속철도노선 : 철도차량이 대부분의 구간을 300km/h 이상의 속도로 운행할 수 있도록 건설된 노선
　2. 준고속철도노선 : 철도차량이 대부분의 구간을 200km/h 이상 300km/h 미만의 속도로 운행할 수 있도록 건설된 노선
　3. 일반철도노선 : 철도차량이 대부분의 구간을 200km/h 미만의 속도로 운행할 수 있도록 건설된 노선

제2조의3(철도차량의 유형 분류) 법 제4조의2에서 "국토교통부령으로 정하는 운행속도"란 다음 각 호의 구분에 따른 운행속도를 말한다.
　1. 고속철도차량 : 최고속도 300km/h 이상
　2. 준고속철도차량 : 최고속도 200km/h 이상 300km/h 미만
　3. 일반철도차량 : 최고속도 200km/h 미만

제3조(철도사업의 면허 등) ① 법 제5조 제1항의 규정에 의하여 철도사업의 면허를 받고자 하는 자는 별지 제1호 서식의 철도사업면허신청서에 다음 각 호의 서류를 첨부하여 국토교통부장관에게 제출하여야 한다. 이 경우 국토교통부장관은 「전자정부법」 제36조 제1항에 따른 행정정보의 공동이용을 통하여 법인 등기사항증명서(설립예정 법인인 경우를 제외한다)를 확인하여야 한다.
　1. 사업계획서
　2. 법인설립계획서(설립예정법인인 경우에 한한다)
　3. 당해 철도사업을 경영하고자 하는 취지를 설명하는 서류
　4. 신청인이 법 제7조 각 호의 규정에 의한 결격사유에 해당하지 아니함을 증명하는 서류

제23조(전용철도 운영의 등록절차 등) ① 법 제34조 제1항 전단의 규정에 의하여 전용철도를 운영하고자 하는 자는 별지 제16호 서식의 전용철도운영등록신청서에 다음 각 호의 서류를 첨부하여 국토교통부장관에게 제출하여야 한다. 이 경우 국토교통부장관은 「전자정부법」 제36조 제1항에 따른 행정정보의 공동이용을 통하여 법인 등기사항증명서(신청인이 법인인 경우만 해당한다)를 확인하여야 한다.
　1. 전용철도운영계획서
　2. 전용철도를 운영하고자 하는 토지의 소유권 또는 사용권을 증명할 수 있는 서류
　3. 삭제
　4. 임원의 성명·생년월일을 기재한 서류(법인의 경우에 한한다)
　5. 그 밖에 참고사항을 기재한 서류

05 다음 '철도사업법 시행규칙'의 세부 규칙과 관련한 내용으로 옳은 것은?
① 철도노선사업을 신청하는 사람이 해당 법 제5조에 의한 결격사유에 어긋날 경우 면허를 취득할 수 없다.
② 제2조의2에 따르면 사업용철도노선은 운행거리에 따라 간선과 지선철도로 나뉘고, 준고속철도는 간선철도에 속하는 철도이다.
③ 국토교통부령에 따라 준고속철도노선은 운행 시 평균속도 200km 이하를 유지해야 한다.
④ 국토교통부장관은 철도사업실시계획의 변경 및 폐지 등 변동사항에 있어서는 직접적으로 고시할 필요가 없다.
⑤ 준고속철도노선을 지정하기에 앞서 철도사업실시계획에 대한 국토교통부장관의 승인이 선행되어야 한다.

06 다음 '철도사업법 시행규칙'에서 철도사업면허신청서에 필요한 서류로 옳은 것은?
① 신청인이 해당 규정에 의한 결격사유에 해당하지 아니함을 증명할 서류
② 법인설립계획서
③ 전용철도운영계획서
④ 사업계획서
⑤ 당해 철도사업을 경영하고자 하는 취지를 설명하는 서류

[07~08] 다음은 코레일이 제공하는 교통약자 배려 서비스 중 맞춤형 우대예약서비스에 관한 내용이다. 이를 보고 이어지는 물음에 답하시오.

맞춤형 우대예약서비스(원콜 서비스)

1. 서비스 개요

경로 고객 및 장애인 등 인터넷 예약이 어려운 고객을 위한 우대예약서비스이다.

2. 대상고객

만 65세 이상의 경로고객, 1~3급 장애인, 상이등급이 있는 국가유공자

3. 신청방법

역 방문 → 대상자 확인(주민등록증, 복지카드, 국가유공자증 등) → 신청서 작성 및 제출 → 개인정보 입력 및 활용 동의 → 결제 신용카드 정보 등록(원하는 경우)

* 기존 우대서비스 대상자는 추가등록 없이 서비스 이용 가능

4. 제공 서비스

• 철도고객센터(☎1544-7788, 1544-8545)로 전화 시 상담원 우선 연결
• 승차권 대금 결제기한을 열차 출발 20분 전까지 유보
• 원콜(One-Call) : 전화상으로 결제·발권(전화 예약 후 역에서 발권하는 불편 개선)

> ※ 원콜 서비스란?
> • 맞춤형 우대서비스 대상자가 철도고객센터에서 전화 예약 후 역에서 대기 후 승차권을 구매하여야 하는 불편함을 개선하고, 보다 쉽고 편리하게 열차 이용이 가능하도록 전화상으로 결제·발권이 가능한 원스톱 예약·발권 서비스를 개발
> • 대상 고객이 결제·발권까지 원하는 경우
>   - 일반휴대폰 / 코레일톡 미설치자 : '승차권 대용문자' 발권
>   - 코레일톡 설치자(스마트폰) : 승차권 대용문자 + 스마트폰티켓 혼용 발권
>   (승차권 대용문자 : 승차권 대신 사용이 가능하도록 휴대폰으로 전송하는 문자메시지)
>   ☞ 열차 내에서는 승차권에 표시된 대상자 이름과 승무원 단말기에 표시된 이름과 신분증을 같이 확인하여 유효한 승차권 여부 및 대상자임을 확인
> ※ 1회 예약 및 발권 가능 매수는 2매임

• 공공할인(경로, 장애인, 어린이 등)과 중복할인이 되지 않음

5. 주의사항

승차권 전화예약 후 결제기한 3회 초과로 자동 취소 시 6개월간 서비스 제한

☞ 1월 1일 / 7월 1일 기준으로 반기별 예약부도 실적이 3회 이상인 경우, 다음 산정일까지 우대서비스가 제한된다.

07 위 자료의 내용과 일치하지 않는 것은?

① 서비스 신청을 위해서는 우선 역에 방문해야 하고, 이때 대상자임을 확인할 수 있는 주민등록증, 복지카드, 국가유공자증 등을 지참해야 한다.

② 서비스 대상자가 철도고객센터로 전화할 때 서비스 대상이 아닌 고객보다 상담원과 우선 연결된다.

③ 서비스 대상자 중 스마트폰 미사용자의 경우 승차권 대용문자를 받게 된다.

④ 서비스를 이용해 전화예약을 한 후 결제하지 않는 경우가 3회 이상이면 1년간 우대서비스를 이용할 수 없다.

⑤ 서비스 대상자는 승차권 대금 결제를 열차 출발 20분 전까지만 해도 된다.

08 위 자료에서 맞춤형 우대예약서비스에 대해서 알 수 없는 것은?

① 서비스 가입 대상자 범위
② 철도고객센터 전화번호
③ 예약 승차권의 타인 사용 적발 시 불이익
④ 서비스 신청 방법
⑤ 서비스가 제한되는 경우

[09~10] 다음은 연도별 수도권 지하철 주요 환승역 이용자 현황에 대한 자료이다. 이를 보고 이어지는 물음에 답하시오.

수도권 지하철 주요 환승역 이용자 현황

(단위 : 백만 명)

구분	2019년	2020년	2021년	2022년	2023년
신도림	1,875	1,907	1,884	1,887	1,861
교대	317	325	324	331	339
사당	134	134	151	163	163
고속터미널	71	73	72	86	109
온수	18	18	18	18	19
노량진	40	42	40	40	39
왕십리	14	16	17	19	19
종로3가	6	8	10	11	12
삼각지	2	4	6	7	7
합계	2,477	2,527	2,522	2,562	2,568

09 위 자료에 대한 설명으로 옳은 것은?

① 2020년에 환승역 이용자 수가 가장 많은 역과 가장 적은 역의 차이는 1,800백만 명 이하이다.
② 고속터미널역과 환승역 이용자 수의 증감 추이가 동일한 지역은 존재하지 않는다.
③ 신도림역의 이용자 수가 두 번째로 많았던 해에 교대역과 사당역 이용자 수의 차이는 158백만 명이다.
④ 노량진역의 이용자 수가 처음으로 40백만 명 미만이 된 해에 온수역, 노량진역, 왕십리역, 종로3가역, 삼각지역 이용자 수의 합은 고속터미널역 이용자 수보다 많다.
⑤ 교대역의 이용자 수가 가장 많았던 해에 전체 환승역 이용자 수의 4년 전 대비 증가율은 5% 미만이다.

10 왕십리역의 이용자 수가 전년도와 동일한 해에 전체 환승역 이용자 수에서 신도림역이 차지하는 비중을 A, 노량진역의 이용자 수가 전년도와 동일한 해에 전체 환승역 이용자 수에서 신도림역이 차지하는 비중을 B라고 할 때 A와 B의 차이는 얼마인가? (단, 소수점 둘째 자리에서 반올림한다.)

① 0.7%p ② 1.2%p
③ 2.2%p ④ 2.9%p
⑤ 3.5%p

[11~12] 다음 자료를 보고 이어지는 물음에 답하시오.

〈자료 1〉OECD 주요국의 남성 금융권 종사자 평균 은퇴 연령

(단위 : 세)

구분	2000년	2005년	2010년	2015년	2020년
미국	63.3	62.1	63.5	64.0	66.6
뉴질랜드	64.2	64.9	66.5	67.6	68.2
스웨덴	64.0	63.7	65.7	66.1	68.1
포르투갈	65.1	65.0	66.6	67.5	68.0
멕시코	70.7	71.1	73.0	72.4	73.2
스위스	63.2	62.3	64.6	65.2	67.5
아이슬란드	64.8	66.1	68.9	69.0	70.5
아일랜드	64.0	63.6	65.2	66.0	69.0
일본	65.5	66.1	69.5	69.0	70.5

〈자료 2〉한국의 금융권 종사자 평균 은퇴 연령

(단위 : 세)

구분	2000년	2005년	2010년	2015년	2020년
전체	50.5	51.3	52.6	53.7	54.4
여자	48.0	48.5	49.7	50.6	50.5
남자	52.5	53.2	54.6	56.8	58.9

11 위 자료에 대한 설명으로 옳은 것은?

① <자료 1>의 9개국 중 남성 금융권 종사자 평균 은퇴 연령이 70세가 넘는 국가는 2000년 1개국에서 2020년 3개국으로 증가하였다.

② 우리나라 금융권 종사자의 남녀 평균 은퇴 연령의 차이가 가장 크게 나타났던 해의 포르투갈 남성 금융권 종사자 평균 은퇴 연령은 66세를 넘지 않는다.

③ 2005년 기준으로 <자료 1>의 9개국 중 남성 금융권 종사자의 평균 은퇴 연령이 가장 높은 국가와 가장 낮은 국가의 은퇴 연령 차이는 7세이다.

④ 우리나라 금융권 종사자의 전체 평균 은퇴 연령은 꾸준히 증가했으며, 남자와 여자 평균 은퇴 연령 모두 같은 추이를 보인다.

⑤ 2015년부터 OECD 주요국의 남성 금융권 종사자 평균 은퇴 연령은 모두 65세를 넘어섰다.

12 한국을 제외한 OECD 주요 9개국 중 2000년 대비 2015년 남성 금융권 종사자 평균 은퇴 연령의 증가율이 가장 큰 국가와 가장 작은 국가를 순서대로 바르게 나열한 것은? (단, 소수점 둘째 자리에서 반올림한다.)

① 멕시코, 포르투갈   ② 아이슬란드, 미국
③ 아이슬란드, 포르투갈   ④ 뉴질랜드, 스웨덴
⑤ 멕시코, 미국

[13～14] 다음은 우리나라 자동차 등록 대수에 대한 자료이다. 이를 보고 이어지는 물음에 답하시오.

시도별 자동차 등록 대수

(단위: 만 대)

구분	2015년	2016년	2017년	2018년	2019년	2020년	2021년	2022년	2023년
서울	298	298	270	297	306	308	312	312	313
부산	115	116	118	118	126	130	133	133	137
대구	95	99	101	104	111	113	116	116	118
인천	93	98	105	114	136	144	151	151	158
광주	52	54	55	57	61	63	65	65	66
대전	57	58	60	61	63	65	66	66	67
울산	44	46	47	49	53	54	55	55	56
세종	—	—	5	5	9	11	13	13	15
경기	419	430	440	453	492	516	539	539	562
강원	61	62	63	65	69	72	75	75	77
충북	62	64	65	67	73	76	79	79	82
충남	83	87	86	89	97	102	106	106	109
전북	71	74	76	78	84	87	89	89	92
전남	71	74	77	80	90	95	99	99	103
경북	111	114	117	121	131	135	139	139	142
경남	138	145	147	149	156	163	167	167	169
제주	25	26	29	33	44	47	50	50	55

연도별 자동차 등록 대수

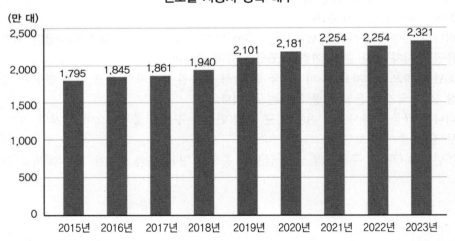

13 2020년 영국의 자동차 등록 대수는 47,015천 대이다. 2021년 한국 자동차 등록 대수의 전년 대비 증가율과 영국 자동차 등록 대수의 전년 대비 증가율이 동일하다고 할 때, 2021년 영국의 자동차 등록 대수는?

① 약 47,640천 대
② 약 48,590천 대
③ 약 50,849천 대
④ 약 64,351천 대
⑤ 약 65,351천 대

14 위 자료에 대한 설명으로 옳은 것은?

① 서울과 제주 지역의 자동차 등록 대수 차이가 두 번째로 큰 해에 전체 자동차 등록 대수의 전년 대비 증가량은 43만 대이다.
② 2015년부터 2019년까지 자동차 등록 대수가 많은 지역 1위부터 5위까지의 순위는 같다.
③ 자동차 등록 대수가 2,000만 대 미만인 해에 전남 지역 자동차 등록 대수의 평균은 75만 대 이하이다.
④ 부산보다 인천 지역 자동차 등록 대수가 더 많은 해의 경남 지역 자동차 등록 대수를 모두 더하면 822만 대이다.
⑤ 전체 자동차 등록 대수에서 경기 지역 자동차 등록 대수의 비중은 2023년이 2017년보다 낮다.

[15~16] 다음은 인천시 행정구역별 교통 관련 현황 자료이다. 이를 보고 이어지는 물음에 답하시오.

2023년 인천시 행정구역별 교통 관련 현황

구분	부평구	미추홀구	연수구	서구	전체
인구(천 명)	221	152	197	102	672
가구수(천 가구)	95	52	71	38	256
주차장 확보율(%)	77.5	78.6	87.2	68.5	79.5
승용차 보유대수(천 대)	89	66	78	45	278
가구당 승용차 보유대수(대)	0.94	1.27	1.10	1.18	1.09
승용차 통행 발생량(만 통행)	18	20	25	15	78
화물차 수송 도착량에 대한 화물차 수송 발생량 비율(%)	56.5	45.7	86.8	36.0	52.7

※ 승용차 1대당 통행 발생량(통행) $= \dfrac{\text{승용차 통행 발생량}}{\text{승용차 보유대수}}$

15 다음 자료를 참고할 때 인천시 행정구역별 교통 현황에 대한 설명으로 옳지 않은 것은?

> 화물차 수송 도착량에 대한 화물차 수송 발생량은 해당 지역에 도착한 화물차 수를 수송을 위해 출발한 화물차 수로 나눈 것이다. 이 수치가 높을수록 해당 지역에서 화물수송이 활발히 일어난다는 것을 알 수 있다. 승용차 1대당 통행 발생량은 그 수치가 3이 넘으면 승용차 보유대수 대비 승용차 통행 발생량이 많은 편에 속한다고 볼 수 있다. 전체 평균 승용차 1대당 통행 발생량보다 0.5 이상 많거나 적으면 그 지역의 통행이 아주 혼잡하거나 한산하다는 것을 알 수 있다.

① 승용차 1대당 통행 발생량은 서구가 가장 많다.
② 서구에서 화물차 수송을 위해 출발하는 차가 다른 구보다 적다.
③ 부평구에서의 승용차 통행량은 매우 한산하다.
④ 승용차 통행 발생량이 가장 많은 구에서 가장 적은 구의 차이는 10만 통행 차이다.
⑤ 인천시에서 부평구의 승용차 보유대수가 가장 많다.

16 인천시 인근 지역의 교통 관련 현황을 조사하였다. 조사 결과가 다음과 같을 때, 인근 지역 전체의 승용차 1대당 통행 발생량을 바르게 계산한 것은?

인천시 인근 지역 교통 관련 현황

구분	시흥시	안양시 동안구	안양시 만안구	군포시
승용차 보유대수(천 대)	84	116	85	187
승용차 통행 발생량(만 통행)	22	33	25	61

※ 소수점 이하 값은 소수점 셋째 자리에서 반올림하여 구한다.

① 2.95   ② 2.96
③ 2.97   ④ 2.98
⑤ 2.99

[17~18] 다음은 코레일의 성과상여금 지급에 대한 자료이다. 이를 보고 이어지는 물음에 답하시오.

성과상여금 지급 안내

1. 성과평가 기준
   - 업무성과(가중치 0.5)
   - 조직기여도(가중치 0.3)
   - 근무태도(가중치 0.2)

2. 성과평가 결과를 활용한 성과급 지급 기준

점수	등급	반기별 지급액
90점 이상	S	500만 원
80점 이상~90점 미만	A	400만 원
70점 이상~80점 미만	B	300만 원
60점 이상~70점 미만	C	200만 원
60점 미만	D	100만 원

17 권 차장의 성과평가 결과가 다음과 같을 때, 상반기와 하반기에 받은 성과상여금의 총 금액은?

구분	상반기	하반기
업무성과	62점	78점
조직기여도	85점	72점
근무태도	65점	81점

① 300만 원   ② 400만 원
③ 500만 원   ④ 600만 원
⑤ 700만 원

18 코레일은 직전반기 대비 등급이 한 단계 상승할 때마다 직전반기 성과상여금의 12%를 가산하여 지급한다는 규정을 신설하였다. 직원 세 명의 평가 등급이 아래와 같을 때, 하반기 성과상여금 지급액을 모두 더한 금액은?

구분	상반기 등급	하반기 등급
정 과장	B	C
김 대리	D	B
박 대리	C	S

① 992만 원   ② 1,096만 원
③ 1,140만 원   ④ 1,184만 원
⑤ 1,225만 원

[19~20] 은우는 컴퓨터를 사기 위해 주요 사양에 대해 알아본 뒤 선택 기준을 세웠다. 다음 조건에 따라 컴퓨터를 선택할 예정이라고 할 때, 이어지는 물음에 답하시오.

컴퓨터 선택 기준

• CPU, 그래픽카드, 무게, 열전도율, 메모리를 고려한다. 평가 시 항목별 비율은 다음과 같다. 비율에 따라 각 항목의 점수를 모두 더해 총점이 가장 높은 컴퓨터를 선택한다.

CPU	그래픽카드	무게	열전도율	메모리	합계
30%	25%	20%	15%	10%	100%

• 유미가 평가하는 각 등급의 점수는 다음과 같다.

A	B	C	D	E
100점	90점	80점	70점	60점

※ 2가지 항목 이상에서 E를 받은 컴퓨터는 선택에서 제외한다.

19 컴퓨터 '가~자'에 대한 은우의 평가가 다음과 같을 때, 유미가 선택할 컴퓨터로 적절한 것은?

컴퓨터 \ 항목	CPU	그래픽카드	무게	열전도율	메모리
가	A	A	C	D	A
나	B	A	E	E	B
다	E	D	B	E	E
라	C	B	E	B	B
마	B	C	A	A	E
바	D	C	E	A	A
사	E	E	D	B	B
아	A	D	B	C	E
자	D	A	C	A	C

① 가 ② 마
③ 바 ④ 아
⑤ 자

20 은우는 항목별 비율을 다음과 같이 바꾸고 '가' 컴퓨터 메모리 항목의 평가 등급을 'B'로 낮추기로 했다. 위 19번 문제를 참고하였을 때, 은우가 선택할 컴퓨터로 옳은 것은?

CPU	그래픽카드	무게	열전도율	메모리	합계
10%	15%	20%	25%	30%	100%

① 가 ② 라
③ 마 ④ 바
⑤ 자

[21~22] 다음은 경상북도 경주시 ○○동의 관광지 운영시간 및 이동시간에 대한 자료이다. 이를 보고 이어지는 물음에 답하시오.

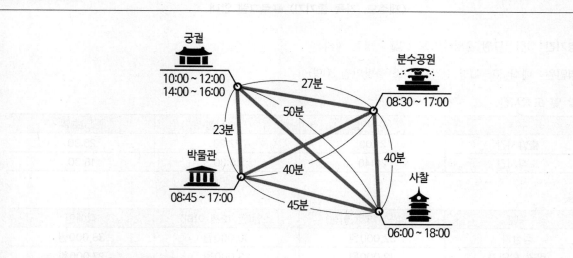

- 하루에 4개 관광지를 모두 관광한다.
- 궁궐에서는 가이드투어만 가능하다. 가이드투어는 10시와 14시에 시작하며, 시작 시각까지 도착하지 못하면 가이드 투어를 할 수 없다.
- 각 관광에 소요되는 시간은 2시간이며, 관광지 운영시간 외에는 관광할 수 없다.

21 위 자료에 대한 설명으로 옳지 않은 것만을 〈보기〉에서 모두 고르면?

┌─ 보기 ┐
ⓐ 사찰에서부터 관광을 시작해야 한다.
ⓑ 박물관과 분수공원의 관광 순서가 바뀌면 4개의 관광지를 모두 관광할 수 없다.
ⓒ 마지막 관광을 종료하는 시각은 17시이다.

① ⓑ
② ⓒ
③ ⓐ, ⓑ
④ ⓑ, ⓒ
⑤ ⓐ, ⓑ, ⓒ

22 관광지 운영시간이 2023년 1월부터 다음과 같이 바뀐다고 할 때, 관광 순서로 옳은 것은?

- 궁궐 운영시간 – 9:00~11:00
              – 15:00~17:00
- 분수공원 운영시간 10:00~18:00
- 박물관 운영시간 8:30~16:00
- 사찰 운영시간 07:00~15:00

① 사찰 – 궁궐 – 박물관 – 분수공원
② 사찰 – 분수공원 – 궁궐 – 박물관
③ 사찰 – 박물관 – 궁궐 – 분수공원
④ 사찰 – 분수공원 – 박물관 – 궁궐
⑤ 사찰 – 박물관 – 분수공원 – 궁궐

[23~24] 다음은 △△여행사의 제주도 여행 프로그램 자료이다. 이를 보고 이어지는 물음에 답하시오.

〈제주도, 가득 즐기기〉 프로그램 안내

□ 운영기간 : 3월~11월 운영(금, 토요일) / 명절 제외

□ 운영인원 : 매회 30~45명 선착순(최소 출발인원 30명)

□ 출발 및 도착시간

구분	○○역	△△시청	□□호텔
출발시간	21:00	22:20	23:30
도착시간	20:40	19:30	18:30

□ 비용

구분	대인(만 13세 이상)	소인(만 12세 이하)	장애인
정상가	52,000원	30,000원	38,000원
회원 할인가	42,000원	23,000원	27,000원

※ 알오름 입장료 및 흑돼지구이 비용 포함
※ 원예예술촌 입장료 및 기타 개인 경비는 본인 부담

□ 일정
 • 05:30 알오름 일출
 • 08:10 말미오름 관광
 • 09:50 제주도 특식 흑돼지구이 제공
 • 10:40 종달리 옛 소금밭 관광
 • 13:00 광치기 해변 관광
 • 14:30 일정 마무리 및 출발

□ 기타
 • 간식 및 생수 준비 권장
 • 취소 및 환불규정(단, 주말 및 법정 공휴일은 취소 일수에서 제외)
  − 출발일 4일 전 : 100% 환불
  − 출발일 3일 전 : 20% 수수료 부과
  − 출발일 2일 전 : 50% 수수료 부과
  − 출발일 1일 전 및 당일 : 취소 및 환불 불가
 • 우천 시 그대로 진행

---

23 다음 문 씨 일행이 위 프로그램을 이용해 제주도 여행을 하려 할 때, 여행사에 지불해야 하는 제주도 여행 비용의 합계를 구하면?

> 문 씨는 아내, 자녀 2명, 친구 김 씨 부부, 김 씨의 자녀 2명, 친구 강 씨 부부, 강 씨의 자녀 3명과 함께 제주도 여행을 가려 한다. 이들 중 친구 강 씨의 가족만 회원 할인가를 적용받을 수 있다.
> 문 씨는 만 55세, 문 씨의 아내는 만 48세, 문 씨 부부의 자녀는 만 15세, 만 13세이다. 한편, 친구 김 씨는 만 50세, 김 씨의 아내는 만 45세, 김 씨 부부의 자녀는 각각 만 10세, 만 7세이다. 마지막으로 친구 강 씨는 만 52세, 강 씨의 아내는 만 48세, 강 씨 부부의 자녀는 각각 만 13세, 만 11세, 만 8세이다.

① 544,000원   ② 545,000원
③ 546,000원   ④ 547,000원
⑤ 548,000원

24 위 제주도 여행 프로그램 자료와 관련된 설명으로 옳지 않은 것은?

① 어떤 회원이 되어야 할인이 적용되는지 명확하지 않다.

② 출발일 3일 전에 취소하면 80%만 환불된다.

③ ○○역에서 출발하는 사람은 □□호텔에서 출발하는 사람보다 2시간 10분 늦게 도착한다.

④ 우천 시 여행은 취소된다.

⑤ 예약 진행에 대한 정보가 누락되어 있다.

25 다음은 어느 회사 마케팅팀의 11월 일정표이다. 마케팅팀의 팀원들은 11월 중에 모두 휴가를 다녀와야 한다. 주어진 일정과 조건을 고려할 때, 휴가 일정을 변경해야 하는 직원을 고르면?

11월 달력

일	월	화	수	목	금	토
		1	2	3	4	5
6	7	8	9	10	11	12
13	14	15	16	17	18	19
20	21	22	23	24	25	26
27	28	29	30	31		

팀원별 일정

직원	출장 일정	희망 휴가 일자
김 부장	11/7 ~ 11/8	11/25 ~ 11/30
박 차장	11/16 ~ 11/17	11/3 ~ 11/8
석 과장	11/1 ~ 11/4	11/9 ~ 11/14
공 대리	11/21 ~ 11/23	11/14 ~ 11/17
차 주임	–	11/16 ~ 11/21
하 사원	–	11/24 ~ 11/29

┌ 조건 ┐
- 마케팅팀 소속 직원은 총 6명이다.
- 사무실에는 최소 4명 이상의 직원이 근무하고 있어야 한다.
- 일정이 겹치는 경우, 출장 일정은 변경할 수 없으며 직급이 더 낮은 직원의 휴가 일정을 변경해야 한다.
- 휴가는 4일을 붙여 쓰되 주말 및 공휴일은 휴가 일수에서 제외한다.

① 하 사원　　　　　② 차 주임

③ 공 대리　　　　　④ 석 과장

⑤ 박 차장

코레일
한국철도공사
직업기초능력평가

박문각

코레일
한국철도공사

직업기초능력평가
봉투모의고사

/

4회

박문각

제4회 직업기초능력평가
(25문항 / 30분)

01 다음 글에서 전달하는 내용으로 옳지 않은 것은?

최근 미세먼지가 극심한 사회문제로 대두돼 '미세먼지'와 관련된 공공데이터가 어디에 얼마나 있는지 궁금해 하는 사람들이 많다. 국가데이터맵을 이용하여 '미세먼지'라는 키워드로 데이터를 검색하면 한국환경공단, 기상청, 지자체 등 여러 공공기관이 가지고 있는 미세먼지와 관련 있는 대기오염, 황사 등 연관 데이터가 그래프 형태로 펼쳐져 어떤 기관들이 얼마나 데이터를 갖고 있는지 한눈에 파악할 수 있다. 앞으로는 공공데이터포털(data.go.kr) 내 국가데이터맵 서비스를 통해 700여 개 공공기관의 공개 가능한 데이터를 확인할 수 있다. 이는 공공기관이 보유한 공공데이터의 소재와 메타데이터를 통합·관리하기 위한 목적으로 만든 시스템으로, 데이터의 생산단계에서부터 이를 표준화하고 품질점검을 거쳐 개방하기 위한 사업이다.

현재도 공공데이터포털에서 공공기관이 개방하는 28,000여 개의 개방 데이터를 다운받거나 오픈API 형태로 제공받을 수 있지만, 원하는 데이터를 어느 기관이 어떠한 형태로 갖고 있는지 검색하기가 쉽지 않았다. 하지만 앞으로는 공공기관이 관리하는 모든 메타데이터를 범정부 데이터플랫폼에 있는 메타관리시스템으로 통합·관리하고, 수집된 메타데이터는 공공데이터의 소재정보와 데이터 간 연관관계를 시각화한 국가데이터맵을 통해 국민에게 제공할 계획이다. 국가데이터맵을 통해 원하는 데이터를 쉽게 검색함은 물론, 시각화된 연관 데이터 자료를 통해 데이터의 소재 및 개방 여부를 용이하게 확인할 수 있으며, 개방 중인 데이터는 바로 내려받기가 가능하다. 또한 미세먼지 등 사회적으로 이슈가 되는 사안을 중심으로 관련 데이터를 일목요연하게 확인할 수 있도록 공공데이터포털에 '이슈데이터' 코너를 신설해 첫 화면에 제공한다.

① 원하는 데이터를 기관별로 하나씩 직접 검색해야 하는 불편이 줄어든다.
② 사회적 이슈에 대해 국민이 직접 의견을 제시하여 참여할 수 있다.
③ 국민들이 공공데이터의 소재를 손쉽게 파악할 수 있다.
④ 사회적 관심 사안 관련 데이터는 첫 화면에서 확인할 수 있게 된다.
⑤ 국민들은 원하는 공공데이터를 쉽게 검색하여 제공받을 수 있다.

[02~03] 다음 입찰공고문을 보고 이어지는 물음에 답하시오.

문화센터 수익시설 운영사업자 선정 입찰공고

시설관리공단(이하 "공단"이라 한다)이 관리 · 운영하는 문화센터 내 수익시설의 신규 운영사업자 선정을 위하여 다음과 같이 공고합니다.

1. 입찰에 부치는 사항
   가. 입찰명: 문화센터 내 수익시설 신규 운영사업자 선정(종전업종-구내식당)
   나. 입찰시설: 도면 별도첨부
      ※ 사용허가면적은 공용면적을 포함한 면적으로 실면적과 다소 ㉠ <u>상이</u>할 수 있음
      ※ 운영에 따른 인테리어 시설비용 등은 운영사업자 부담
      ※ 종전 해당시설 운영사업자는 입찰 참여를 불허함
      (불가업종)
      ① 현재 문화센터 내 운영 수익시설인 편의점 및 커피전문점과 동종업종
      ② 종교 및 장례 관련시설, 제조업, 유흥시설 등 문화센터와 조화를 이루지 못하거나 기타 일반 대중에게 혐오감 및 위화감을 조성할 수 있는 업종
   다. 예정가격(※부가세 별도): 금 72,657,900원
   라. 사용 수익허가기간: 사용 개시일로부터 5년간

2. 입찰참가자격
   가. 공단에서 제시한 입찰 및 허가조건을 ㉡ <u>승인</u>하고, 본 시설을 직접 사용할 자(전대불가)로 입찰공고일 현재 지방세 체납이 없고, 「지방자치단체를 당사자로 하는 계약에 관한 법률」 제31조 및 동법 시행령 제13조 및 제92조에 의한 부정당업자에 해당되지 않는 자(개인 또는 법인)
      ※ 입찰서 제출 마감일시(2024년 3월 25일(월) 14:00)까지 '지방세 납세증명서(유효 기간 내)'를 총무처(fax 050-0190-1292)로 제출 후 반드시 입찰 담당자(김○○, 02-875-1292)의 수신 확인을 받아야 하며, 기간 내 서류가 미제출되거나 수신확인이 안 된 경우 낙찰자 선정에서 ㉢ <u>배제</u>되오니 유의하시기 바랍니다.
      ※ 통신 오류 발생 등으로 인한 확인 누락 피해가 없도록 반드시 입찰 담당자에게 수신확인 바람
   나. "공매사이트" 회원으로 등록하고 입찰보증금을 납부한 자로, ○○공사 전자자산처분시스템 입찰참가자 준수규칙 제4조(입찰참가자 자격제한)의 사유에 해당되지 않는 자

3. 입찰방법
   가. 본 입찰은 일반경쟁입찰이며, ○○공사가 운영하는 전자자산처분시스템(이하 "공매사이트"라 한다)을 이용한 전자입찰방식으로만 진행됩니다.
   나. 입찰금액은 1년간 납부하여야 할 총액(부가가치세 별도)으로 ㉣ <u>투찰</u>하여야 합니다.
   다. "공매사이트"의 시스템 장애 등 특별한 사정이 있는 경우에는 개찰일시 연기 등 별도로 시간을 정할 수 있습니다.
   라. 입찰안내서는 "공매사이트"상에서 내려받기하여 이용하여야 합니다.

4. 입찰참가 및 입찰서 제출
   가. 본 입찰은 "공매사이트"를 이용한 전자입찰방식으로만 집행하므로 "공매사이트"에 회원등록을 하고 공인인증기관에서 발급받은 인증서(전자거래범용 공인인증서)를 "공매사이트"에 등록 후, "공매사이트" 입찰화면에서 입찰서를 제출하는 방법으로 합니다.
   나. 입찰서는 반드시 "공매사이트"의 인터넷 입찰장을 이용한 전자입찰서로만 제출하여야 합니다.
   다. 입찰서의 제출은 "공매사이트" 입찰화면에서 입찰서를 "공매사이트"로 송신하는 방법으로 하되, 입찰서의 제출 시간은 입찰서가 "공매사이트" 서버에 접수된 시점을 기준으로 합니다.
   라. 본 입찰에 2인 이상의 공동참가는 불가능합니다.
   마. 동일한 시설에 대하여 동일인이 2회 이상 입찰서 제출 시 모두 무효 처리합니다.
   바. 한번 제출된 입찰서는 변경 또는 취소가 불가능합니다.

5. 낙찰자 결정

  가. 예정가격 이상으로 입찰한 자 중에서 최고가격으로 입찰한 유효입찰자를 낙찰자로 결정합니다.

  나. 개찰결과 최고가격(동일가격) 입찰자가 2인 이상인 경우에는 "공매사이트" 무작위 추첨방법(난수발생기에 의한 자동선택 기능)에 의하여 낙찰자를 결정합니다.

  다. 개찰결과 예정가격 이상의 유효입찰자가 없을 경우 재공고 입찰을 실시합니다.

  라. 입찰결과는 "공매사이트" 홈페이지(나의 공매 ⇒ 입찰내역)를 통하여 ⑩ 게시됩니다.

02 위 문서의 ⊙~⑩ 중 쓰임이 어색한 것을 고르면?

① ⊙   ② ⓒ

③ ⓒ   ④ ⓔ

⑤ ⑩

03 위 문서의 내용을 바르게 이해한 것은?

① 입찰 관련 서류를 기간 내에 제출하였으나 입찰 담당자의 수신 확인을 받지 못하면 낙찰자 선정에서 제외된다.

② 종전 시설 운영 사업자가 문화센터에 수익시설을 재운영하기 위해서는 입찰에 다시 참여해야 한다.

③ 입찰자는 "공매사이트"에 입찰서를 제출함은 물론 본인이 직접 입찰 기간 내에 입찰서 변경 또는 취소를 할 수 있다.

④ 낙찰자는 예정가격 이상으로 입찰한 자 중에서 "공매사이트" 무작위 추첨방법에 따라 결정된다.

⑤ 동일 시설에 대하여 동일인이 두 번까지 입찰서를 제출할 수 있다.

[04~05] 다음 자료는 ○○공사의 청렴마일리지 운영지침의 일부를 발췌한 것이다. 이를 보고 이어지는 물음에 답하시오.

제1조(목적) 이 지침은 ○○공사의 청렴도 향상과 반부패 활동의 효과적 <u>추진</u>을 위한 청렴마일리지제도 도입·운영에 필요한 사항을 정함을 목적으로 한다.

제2조(관리부서 등) ① 청렴마일리지제도는 감사담당부서에서 총괄하여 관리한다.
② 감사담당부서는 필요한 경우 세부 마일리지 항목별로 운영부서 또는 책임자를 지정하여 해당 업무별 마일리지 집계·관리업무를 수행하게 할 수 있다.
③ 감사담당부서는 연간 청렴마일리지 운영실적을 분석하고 관리하여야 한다.

제3조(마일리지 기준) 청렴마일리지 평가대상 항목을 선정하거나 평가를 함에 있어서는 원칙적으로 다음 사항을 <u>고려</u>하여야 한다.
1. 부패방지 또는 청렴도 향상과 관련성이 있는 활동
2. 반부패·윤리경영을 위해 별도의 관심과 노력이 요구되는 활동(직무수행 과정에서 당연히 추진하게 되는 활동은 제외)
3. 반부패 등 활동의 난이도와 실적에 따라 평가와 대우 수준을 다르게 <u>적용</u>
4. 가급적 계량화 및 평가가 가능한 항목을 평가대상으로 선정

제4조(마일리지 부여) ① 청렴마일리지는 별표에 의한 청렴마일리지 부여 및 감점기준에 의하여 집계·관리한다.
② 특정 활동 또는 실적이 다수의 평가항목과 관련되거나 중복되는 경우에는 가장 유리한 마일리지 평가항목 1개를 부여한다.
③ 횡령·배임·금품수수 행위로 <u>견책</u> 처분된 직원 및 당시 직상급자는 마일리지 적립에 관계없이 당해연도 청렴마일리지를 0점으로 처리한다.

제5조(마일리지 관리방법) ① 청렴마일리지는 전년도 11월 1일부터 당해연도 10월 31일까지 1년간 활동실적을 누계하여 관리한다.
② 팀별 마일리지는 평가항목별 활동에 대한 연간 마일리지 합계를 해당 팀의 연간 일반직 직원 평균인원으로 나누어 인당 마일리지로 산정한다. 단, 부서장의 마일리지는 소속부서의 팀별 마일리지에 공통으로 적용한다.
③ 다수의 개인 또는 팀 등이 공동으로 참여하여 추진한 활동에 대해서는 공동 참여자 간의 협의를 통해 업무기여도에 따라 마일리지를 <u>배분</u>한다.
④ 청렴마일리지 평가의 객관성 및 공정성을 제고하기 위해 연간 마일리지 평가결과는 반부패추진실무반의 검토·심사를 거쳐야 한다.

---

04 위 지침의 밑줄 친 단어 중 부적절하게 쓰인 것은?
① 추진 ② 고려
③ 적용 ④ 견책
⑤ 배분

05 위 지침에 대한 설명으로 적절하지 않은 것은?
① 팀별 마일리지는 일반직 직원에 한해 부여된다.
② 중복된 활동을 한 경우 청렴마일리지는 가장 유리한 항목 1개에만 부여된다.
③ 청렴마일리지는 1년간 활동실적을 통해 부여된다.
④ 반부패와 관련 있는 활동이라면 모두 청렴마일리지 부여대상이 된다.
⑤ 청렴마일리지제도 관리는 원칙적으로 감사담당부서에서 수행해야 한다.

[06~07] 다음 글을 읽고 이어지는 물음에 답하시오.

(가) 그다음 작품을 살펴볼까요? 보여드리고 있는 이 그림은 <삼일포>입니다. 삼일포는 강원도 고성군에 있는 호수로, 예로부터 우리나라 호수 중 가장 아름다운 호수로 꼽히고 있죠. 총석정과 마찬가지로, 관동팔경 중의 하나이며 현재는 휴전선 이북에 있어서 우리는 지금 직접 그 광경을 볼 수가 없답니다. 정선은 이 아름다운 호수를 그릴 때, 그리고자 하는 대상과 같은 높이에서 수평으로 사방을 둘러보며 원근을 표현하는 평원법을 사용하여 호수의 광활함을 부각했습니다.

(나) 정선의 산수화가 가진 또 다른 특징은 점경 인물이 자주 등장한다는 것입니다. 점경 인물이란 산수화에 등장하는 간단하고 작게 묘사된 인물인데요, 이들은 주로 명승지를 여행하며 자연과 교감하는 친자연 존재로 표현됩니다. 이러한 점경 인물을 정선이 산수화에 형상화한 것은 인간이 자연과 조화를 이루는 대상이라고 인식했기 때문이라고 합니다. 이러한 특징을 <관동팔경>의 작품 <낙산사>를 통해 확인해 보도록 할까요? 자, 이 점들이 보이시나요? 맞아요, 잘 안 보이시죠? 이 점처럼 보이는 것들은 일출의 장을 즐기는 선비들로 이 그림 속의 점경 인물입니다. 이렇게 정선은 자연을 즐기고 있는 점경 인물을 등장시켜 자연과 인간의 조화를 드러냈습니다.

(다) 안녕하세요, 학생 여러분! 여러분들은 다음 주에 미술관으로 소풍을 갈 예정이죠? 그곳에서 우리 학생 여러분들은 겸재 정선의 산수화를 관람할 예정입니다. 그렇기 때문에 여러분들이 정선의 산수화를 감상할 때 도움이 될 수 있도록 정선의 <관동팔경>을 중심으로 정선의 산수화에 대해서 알려드리려고 해요.

(라) <관동팔경>은 관동 지방을 소재로 한 여덟 점의 산수화로, 정선의 작품 세계가 잘 드러난다고 평가받는 작품 중 가장 우수한 작품에 꼽힙니다. 산수화 연구가에 따르면, 산수화 중에는 실제 산수가 가질 수 없는 완전한 아름다움이 형상화된 것들이 있는데 이러한 아름다움을 산수화의 '환'이라고 합니다. 정선의 산수화에서도 이러한 특징을 찾아볼 수 있습니다. 정선은 실제 자연의 모습을 있는 그대로 재현하기보다 생략이나 변형의 방식 등을 통해 자연의 아름다움이나 정취를 부각함으로써 '환'을 실현했습니다. <관동팔경>의 산수화들을 통해 이를 살펴보도록 할까요?

(마) 관동팔경의 첫 번째 작품인 이 그림은 <총석정>입니다. <총석정>은 관동팔경 중 1경에 속해 있는 금강산 북쪽에 위치한 명승으로, 이들 가운데 세워진 넓은 정자를 뜻합니다. 넓은 의미에서는 주상절리로 이루어진 바위 기둥들과 절벽을 일컫죠. 정선은 수직으로 죽죽 내려긋는 일명 수직준법을 사용하여 돌기둥을 표현하고 돌기둥 위에 있었던 소나무를 생략함으로써 다른 자연물보다 돌기둥을 더욱 부각했습니다. 어때요, 과연 주상절리의 아름다움이 극명하게 표현되어 있죠?

06 다음 글의 (가)~(마)를 문맥이 자연스럽게 연결되도록 알맞게 배열한 것은?
① (가) – (마) – (다) – (라) – (나)
② (다) – (나) – (가) – (마) – (라)
③ (다) – (라) – (마) – (가) – (나)
④ (마) – (가) – (라) – (나) – (다)
⑤ (마) – (나) – (다) – (라) – (가)

07 윗글에 대한 설명으로 옳은 것은?
① <총석정>은 금강산 남쪽에 위치한 명승으로 관동팔경 중 1경에 속한다.
② 정선은 자연과 인간의 조화를 드러내기위해 점경 인물을 산수화에 자주 등장시켰다.
③ 정선은 호수를 그릴 때, 그리고자 하는 대상과 같은 높이에서 수직으로 사방을 둘러보며 원근을 표현하는 수직준법을 사용하였다.
④ 정선은 실제 자연 모습을 있는 그대로 재현한 <관동팔경>이라는 산수화를 그렸다.
⑤ 정선은 산수화에 자세하게 묘사된 인물을 그렸는데 이를 '점경 인물'이라 한다.

[08~09] 다음은 코레일의 철도 사진공모전 요강이다. 이를 보고 이어지는 물음에 답하시오.

---

1. **참가대상**: 철도와 사진을 좋아하는 누구나

2. **공모주제**: 철도와 함께한 아름다운 순간들

3. **출품규격**
   - 디지털 사진(1인 3점 이내 미발표작)
   - 파일용량은 3MB 이상, 해상도는 장축: 3000Pixel·단축: 2000Pixel 이상의 촬영정보(EXIF)가 포함된 JPG(JEPG)

4. **접수기간**: 2023년 9월 22일(금)부터 10월 31일(화) 18시까지

5. **수상발표**: 2023년 11월 24일(금) 한국철도공사 홈페이지
     (info.korail.com → 홍보센터 → 공지사항)

6. **접수방법**: 한국철도공사 홈페이지(info.korail.com) 홍보센터의 공지사항에서 출품신청서, 개인정보 제공동의서를 다운 후 작성, 작품과 함께 압축하여 이메일 접수(Email: korailphoto@naver.com)

7. **시상내역**

(단위: 만 원)

구분	상금	수량(개)	금액	비고
금상	200	1	200	사장표창
은상	100	2	200	사장표창
동상	50	3	150	사장표창
특별상	30	3	90	
입선	20	35	700	
합 계		44	1,340	

* 특별상은 철도의 역사적 가치가 있는 작품을 선발

8. **유의사항**
   - 공모전 결과발표, 상금지급, 사은품 제공 등 공모전과 관련된 목적 이외에는 출품자의 개인정보를 열람, 활용하지 않음
   - 출품작은 반환하지 않음
   - 수상한 작품은 기업 브로슈어, 달력, 포스터, 전시회, SNS 등 홍보자료로 사용될 수 있음(수상 시 '저작재산권 전부에 대한 양도 동의서' 제출)
   - 공모전 참가자는 모두 '개인정보 수집·이용 및 제3자 제공동의서'를 작성, 제출해야 함
   - 출품작품에 대한 초상권, 저작권 등의 문제가 발생 시 출품자가 전적으로 책임을 짐
   - 인물을 알아볼 수 있는 작품의 경우, '초상권 사용 동의서'를 제출하여야 하며, 미제출시 입상 취소됨
   - 항공촬영(드론) 작품의 경우, 유관부서의 허가·승인, 항공안전법 기타 관련 법적 규제를 준수한 작품에 한하여 접수할 수 있으며(준수하지 않은 경우 수상작에서 제외, 수상취소), 촬영에 따른 일체의 법적 책임은 출품자에게 있음

- 필름 사진의 경우 디지털 스캔하여 제출(JPG, JEPG 파일형식)
- 수상작은 심사 발표 후 7일 이내에 촬영 원본파일(RAW혹은 원본JPG) 제출, 미제출 시 입상 취소
- 디지털 파일은 색감, 밝기 등의 보정이 가능
- 제출 작품의 수준이 현격하게 낮을 경우 금상 등 주요상의 시상을 보류할 수 있음
- 출품제한 작품

> - 타 공모전에 수상경력이 있는 작품
> - 타인의 작품을 표절하였거나 표절로 인정되는 작품
> - 타인 및 법인 등에게 저작권이 매도되었거나 진행 중인 작품
> - 열차와 촬영자 안전에 저촉되는 작품
> - 법규를 위반하여 찍은 사진을 제출한 경우

* 수상 후에 출품 제한에 해당하는 사실이 발견된 경우 수상 취소(상금 반환)
- 문의 : 이메일(korailphoto@naver.com)

08 위 공고문의 내용을 바르게 이해한 것을 〈보기〉에서 모두 고르면?

┌ 보기 ┐
ㄱ 사진은 누구나 출품할 수 있으며, 1인이 2점을 출품하는 것도 가능하다.
ㄴ 총 44개의 작품에 대해 시상하며, 금상·은상·동상의 상금은 총 350만 원이다.
ㄷ 온라인 접수만 가능하며, 수상발표 역시 온라인을 통해서 한다.
ㄹ 디지털 사진의 경우 색감과 밝기 보정은 불가하며, 필름 사진은 디지털 스캔을 하여 제출해야 한다.
ㅁ 작품 제출 시 '저작재산권 전부에 대한 양도 동의서'를 함께 제출해야 한다.

① ㄱ, ㄴ, ㄷ 　　　　　　　② ㄱ, ㄴ, ㄹ
③ ㄴ, ㄷ, ㅁ 　　　　　　　④ ㄱ, ㄷ
⑤ ㄴ, ㄹ

09 다음 중 공모전 입상이 가능한 경우는?
① 항공안전법 등 법적 규제를 준수하지 않고 항공촬영을 한 작품
② 인물의 얼굴이 잘 드러나지만 초상권 사용 동의서를 제출하지 않은 작품
③ JPG나 JEPG 형식이 아닌 다른 파일 형식으로 스캔하여 제출한 필름 사진 작품
④ 다른 공모전에 출품하여 수상한 적이 있는 작품
⑤ 수상작 발표 후 5일이 지나서 촬영 원본파일을 제출한 작품

[10～11] 다음은 운수업 업종별 현황에 대한 자료이다. 이를 보고 이어지는 물음에 답하시오.

운수업 업종별 매출액

(단위: 십억 원)

구분	2021년	2022년	2023년
육상 운송업	59,300	59,560	59,750
수상 운송업	38,450	37,920	37,500
항공 운송업	21,490	20,900	20,980
창고 및 운송 관련 서비스업	20,920	22,430	22,000

운수업 업종별 기업체 수 및 종사자 수

(단위: 개, 명)

구분	기업체 수			종사자 수		
	2021년	2022년	2023년	2021년	2022년	2023년
육상 운송업	348,750	348,970	349,000	900,000	920,000	935,000
수상 운송업	580	660	685	26,000	28,000	29,000
항공 운송업	30	30	30	33,000	35,000	36,000
창고 및 운송 관련 서비스업	18,200	18,500	18,600	110,000	115,000	120,000

육상 운송업 세부업종별 기업체 수 및 종사자 수

(단위: 개, 명)

구분	기업체 수			종사자 수		
	2021년	2022년	2023년	2021년	2022년	2023년
철도 운송	14	14	14	53,140	52,530	52,500
버스 운송	2,250	2,190	2,100	145,700	147,300	147,500
택시 운송	166,320	166,225	166,200	290,100	291,700	292,000
화물 운송	179,300	180,320	180,400	409,060	427,000	442,000
기타 운송	866	221	286	2,000	1,470	1,000

육상 운송업 세부업종별 매출액

(단위: 십억 원)

구분	2021년	2022년	2023년
철도 운송	7,960	8,200	(다)
버스 운송	(가)	11,000	10,900
택시 운송	8,200	8,100	8,000
화물 운송	31,500	32,000	32,100
기타 운송	400	(나)	250

※ 철도 운송: 철도, 지하철
　버스 운송: 시내·시외버스, 전세버스
　화물 운송: 화물자동차

10   위 자료에 대한 설명으로 옳지 않은 것은?

① 2021~2023년 운수업 업종별로 매출액이 가장 많은 업종은 매년 육상 운송업이며, 수상 운송업과 항공 운송업의 매출액 합계는 2021년을 제외하고 항상 육상 운송업의 매출액보다 적었다.

② 운수업 업종별 기업체 수는 항공 운송업을 제외하고는 매년 증가하였다.

③ 육상 운송업 세부업종별 종사자 수의 증감추이를 살펴보면 철도 운송과 기타 운송을 제외하고 모두 증가 추세이다.

④ 2022년 대비 2023년 항공 운송업의 매출액은 약 0.5% 이상 증가했다.

⑤ 2021년 대비 2023년 수상 운송업의 기업체 수는 약 18% 증가했다.

11   (가), (나), (다)에 들어갈 숫자가 순서대로 바르게 나열된 것은?

① 10,240, 260, 8,200   ② 11,240, 260, 8,500
③ 11,240, 250, 7,500   ④ 11,240, 250, 9,500
⑤ 10,240, 250, 8,500

[12~13] 다음은 서울톨게이트를 이용한 차량 현황에 대한 자료이다. 이를 보고 이어지는 물음에 답하시오.

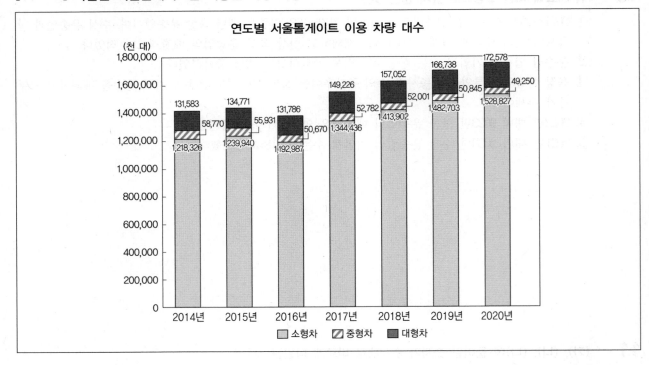

연도별 서울톨게이트 이용 차량 대수

12 2023년 중형차의 서울톨게이트 이용 대수가 2020년 대비 2% 증가하였다고 할 때, 2023년 중형차의 서울톨게이트 이용 대수는 얼마인가?

① 50,235천 대   ② 50,924천 대

③ 51,316천 대   ④ 51,751천 대

⑤ 52,640천 대

13 다음 중 위 자료에 대한 설명으로 옳은 것은?

① 소형차의 서울톨게이트 이용 대수가 1,400,000천 대 이상인 모든 해에 대형차의 서울톨게이트 이용 대수의 평균은 168,000천 대 이상이다.

② 대형차의 서울톨게이트 이용 대수가 처음으로 140,000천 대를 넘는 해에 중형차의 서울톨게이트 이용 대수는 조사기간 동안 네 번째로 많았다.

③ 중형차의 서울톨게이트 이용 대수가 가장 많은 해에 소형차의 서울톨게이트 이용 차량 대수는 가장 적었다.

④ 대형차의 서울톨게이트 이용 대수가 가장 적은 해와 가장 많은 해에 중형차의 서울톨게이트 이용 대수의 차이는 10,000천 대 미만이다.

⑤ 대형차의 서울톨게이트 이용 대수의 전년 대비 증가량이 두 번째로 많은 해는 2018년이다.

[14~15] 다음은 T사 스마트폰 수출입 관련 자료이다. 이를 보고 이어지는 물음에 답하시오.

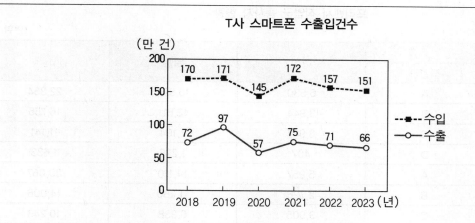

T사 스마트폰 수출입건수

T사 스마트폰 수출입통관 통계

(단위 : 억 원)

구분	2018년	2019년	2020년	2021년	2022년	2023년
수출금액	490	497	447	551	471	488
수입금액	435	420	378	416	405	386
무역수지	55	( )	( )	( )	( )	102

※ 무역수지 = 수출금액 − 수입금액

14 위 자료에 대한 설명으로 옳지 않은 것은?

① 조사 기간 중 2021년은 수출, 수입, 무역수지 규모 모두 전년 대비 증가하였다.
② 조사 기간 중 수출금액이 가장 큰 해에 수출건수도 가장 많다.
③ 조사 기간 중 수출건수와 수입건수는 상관관계에 있다고 볼 수 있다.
④ 조사 기간 중 2021년 이후 수출입건수는 꾸준히 감소하였다.
⑤ 조사 기간 중 수출금액과 무역수지는 상관관계에 있다고 볼 수 있다.

15 위 자료의 조사 기간 중 무역수지의 변동이 가장 큰 시기는?

① 2018년~2019년
② 2019년~2020년
③ 2020년~2021년
④ 2021년~2022년
⑤ 2022년~2023년

[16~17] 다음은 2021년~2023년 한국의 프리랜서 직업군 종사자 현황에 대한 자료이다. 이를 보고 이어지는 물음에 답하시오.

프리랜서 직업군 종사자 현황

(단위 : 명)

구분		여성	남성	소계
연도	직업군			
2021년	A	6,530	15,824	22,354
	B	3,944	12,811	16,755
	C	3,947	7,194	11,141
	D	407	1,226	1,633
2022년	A	5,957	14,110	20,067
	B	2,726	11,280	14,006
	C	3,905	6,338	10,243
	D	370	1,103	1,473
2023년	A	6,962	17,279	24,241
	B	4,334	13,002	17,336
	C	6,848	10,000	16,848
	D	548	1,585	2,133

16 다음 〈조건〉을 보고 2023년 전체 종사자가 많은 직업군을 순서대로 나열하면?

조건
- 2022년 대비 2023년 전체 종사자 수가 가장 많이 증가한 직업군은 '디자이너'이다.
- 2022년 여성 종사자가 가장 많은 직업군은 '작가'이고, 가장 적은 직업군은 '연출가'이다.
- 2023년 '배우'의 전체 종사자 수 대비 남성 종사자 수의 비율은 75%이다.

① 디자이너 - 배우 - 작가 - 연출가
② 디자이너 - 작가 - 연출가 - 배우
③ 작가 - 배우 - 연출가 - 디자이너
④ 작가 - 배우 - 디자이너 - 연출가
⑤ 작가 - 디자이너 - 배우 - 연출가

17 위 자료에 대한 설명으로 옳지 않은 것은?

① 2021년 작가의 남성 종사자 수는 배우의 남성 종사자 수의 2배 이상이다.
② 2021년 대비 2022년 배우의 여성 종사자 수는 약 30% 감소하였다.
③ 2021년 대비 2022년 전체 종사자 수가 두 번째로 많이 감소한 직업군과 세 번째로 많이 감소한 직업군의 차이는 1,851이다.
④ 2023년 대비 2024년 연출가의 남성 종사자 수가 200% 증가하고, 디자이너의 남성 종사자 수가 20% 감소한다면, 디자이너 남성 종사자 수는 연출가 남성 종사자 수의 1.5배 이상이다.
⑤ 2022년 디자이너의 전체 종사자 수 대비 여성 종사자 수의 비율은 약 38%이다.

[18~19] 차 팀장이 사무실에서 회의 장소까지 가는 루트의 정보가 다음과 같을 때, 이어지는 물음에 답하시오.

- 출발지에서 목적지까지 이용 가능한 대중교통은 버스, 지하철, 택시이다.
- 버스와 지하철은 기본요금이 1,000원이다.
- 택시는 2km에 기본요금 2,000원이고, 2km 추가될 때마다 100원씩 추가요금이 발생한다.
- 버스는 2km를 3분, 지하철은 2km를 2분, 택시는 2km를 2분 동안 간다. 그리고 버스와 지하철은 2km마다 정거장이 있다.
- 환승은 모든 교통수단 사이에서 가능하고, 환승 소요시간은 2분이며 반드시 환승 전 버스로는 네 정거장, 지하철로는 세 정거장을 이용해야 한다.

18 차 팀장이 회의에 참석하기 위해 회의 장소까지 총 10km를 이동해야 할 때, 비용이 가장 많이 드는 방법은 무엇인가? (단, 환승할 경우에는 번거로움 등을 1분당 450원의 비용으로 환산하여 계산한다.)

① 택시만 이용해서 이동한다.
② 버스만 이용해서 이동한다.
③ 지하철만 이용해서 이동한다.
④ 버스와 택시를 환승해서 이동한다.
⑤ 버스와 지하철을 환승해서 이동한다.

19 차 팀장이 오후 2시 회의에 참석하기 위해 사무실에서 오후 1시 40분에 출발하였다. 이때 대중교통을 이용하여 위 18번 문제의 회의 장소에 도착했을 때, 회의 시작 전까지 기다리는 시간이 가장 짧은 경우는 무엇인가?

① 택시   ② 버스
③ 지하철   ④ 버스, 택시 환승
⑤ 지하철, 버스 환승

[20~21] 다음은 코레일의 이 주임이 간부 회의에서 쓰일 회의 자료를 인쇄하기 위해 알아 본 인쇄 업체별 비용 정보이다. 이를 보고 이어지는 물음에 답하시오.

1페이지당 인쇄 비용

(단위 : 원)

구분	A사	B사	C사	D사
흑백(단면)	42	41	44	43
컬러(단면)	230	235	210	220
흑백(양면)	40	39	39	41
컬러(양면)	200	210	180	205

1부 추가 가공료

(단위 : 원)

구분	A사	B사	C사	D사
표지코팅	2,600	3,200	3,500	2,800
무선제본	1,400	1,300	1,600	1,400
스프링제본	5,500	4,500	4,300	4,800

추가 혜택사항

구분	혜택 내용
A사	• 흑백 300페이지 이상 인쇄 시 1부당 500원 할인 • 컬러 200페이지 이상 인쇄 시 1부당 1,500원 할인 • 흑백 컬러 혼합페이지 250페이지 이상 인쇄 시 1부당 1,000원 할인
B사	100부 이상 제작 시 추가 가공료 10% 할인
C사	1부 가격 50,000원 초과 시 1부당 2,000원 할인
D사	300페이지 이상 인쇄 시 스프링제본 무료

20 이 주임은 상사의 지시에 따라 회의 자료를 제작하기로 하였다. 상사의 지시가 다음과 같을 때 총 견적을 구하면?

> 이 주임, 이번에 회의 참석 인원이 100명 정도라 합니다. 넉넉히 120부를 제작하도록 하세요. 그림자료가 없으니 흑백 양면으로 인쇄하고, 표지코팅과 무선제본도 해주세요. 회의 자료가 250페이지라고 하니, 가장 저렴한 곳을 엄선하여 견적 부탁합니다.

① 1,656,000원   ② 1,671,600원   ③ 1,680,000원

④ 1,782,000원   ⑤ 1,800,000원

21 컬러 양면 300페이지를 스프링제본하여 150부를 제작하려 할 때, 가장 저렴하게 제작할 수 있는 제조사와 가격을 고르면?

	제조사	가격
①	A사	9,600,000원
②	B사	10,057,500원
③	C사	8,445,000원
④	D사	9,225,000원
⑤	A사	8,460,000원

[22~23] 다음 자료를 보고 이어지는 물음에 답하시오.

코레일은 올해 초에 진행한 3개의 프로젝트인 K, P, H의 성과에 따라 직원들에게 성과급을 지급하려고 한다. 이에 인사고과담당 나 차장은 프로젝트별 직원들의 업무기여도와 그 밖의 인사고과에 따라 점수를 부여하여 정리하였다. (단, 1점당 환산급여는 10만 원이다.)

〈자료 1〉 프로젝트 K

이름	일 수행등급	기여도	성과점수(계)
양 사원	A+	20%	1.8
윤 대리	A+	25%	1.875
용 과장	A+	55%	4.125

〈자료 2〉 프로젝트 P

이름	일 수행등급	기여도	성과점수(계)
장 대리	C	10%	1
이 차장	C	20%	2
윤 대리	C	30%	3
부 과장	C	20%	2
용 과장	C	20%	2

〈자료 3〉 프로젝트 H

이름	일 수행등급	기여도	성과점수(계)
문 주임	D	20%	1.2
양 사원	D	25%	1.5
윤 대리	D	35%	2.1
부 과장	D	20%	1.2

22 위에 제시된 3개의 프로젝트 중 2개 이상의 프로젝트에 참여하여 가장 높은 총점을 얻은 사람은?

① 양 사원
② 윤 대리
③ 용 과장
④ 부 과장
⑤ 문 주임

23 위 자료에서 프로젝트 성과에 따른 성과급이 옳지 않은 사람은?

① 양 사원, 330,000원
② 윤 대리, 697,500원
③ 용 과장, 602,500원
④ 부 과장, 320,000원
⑤ 문 주임, 120,000원

[24~25] 다음은 ○○프로축구단에서 3년 이하로 활동한 A~E 선수의 성적 및 연봉을 나타낸 것이다. 이를 보고 이어지는 물음에 답하시오.

○○프로축구단 A~E의 성적 및 연봉 현황

선수 (포지션)	출전 경기 수	득점	도움	태클 (회)	실책 (회)	패스 성공률(%)	퇴장 (회)	기본연봉 (억 원)	팀 기여도	최종연봉 (억 원)
A(FW)	38	18	3	4	4	62.7	1	4.5	1.5	6.75
B(FW)	30	20	4	9	0	75	1	3.2		(a)
C(MF)	30	5	11	18	1	78.2	2	2.1		(b)
D(MF)	29	3	7	25	0	73.5	0	1.5		(c)
E(DF)	17	1	3	33	3	72.1	0	1.0		(d)

연봉산정방식

1. 최종연봉 = (기본연봉) × (팀 기여도)
2. 퇴장과 실책 횟수가 0일 경우 최종 팀 기여도 0.1을 가산한다.
3. FW : 출전 경기 수 → 득점 → 도움 순으로 우선순위를 부여한다.
   ※ 출전 경기 수가 19경기 미만일 경우 다른 조건들이 아무리 높아도 팀 기여도는 0.50이다.
4. MF : 출전 경기 수 → 도움 → 패스성공률 순으로 우선순위를 부여한다.
   ※ 출전 경기 수가 19경기 미만일 경우 다른 조건들이 아무리 높아도 팀 기여도는 0.50이다.
5. DF : 출전 경기 수 → 패스성공률 → 태클 순으로 우선순위를 부여한다.
   ※ 출전 경기 수가 19경기 미만일 경우 다른 조건들이 아무리 높아도 팀 기여도는 0.50이다.

◎ 팀 기여도 조건(FW)

등급	조건	팀 기여도
AAA	출전 경기 수 30경기 이상, 19득점 이상, 3도움 이상	2.0
AA	출전 경기 수 30경기 이상, 14득점 이상, 2도움 이상	1.5
A	출전 경기 수 30경기 미만, 10득점 이상, 1도움 이상	1.0
B	출전 경기 수 25경기 이하, 10득점 미만	0.8
C	출전 경기 수 19경기 미만	0.5

◎ 팀 기여도 조건(MF)

등급	조건	팀 기여도
AAA	출전 경기 수 30경기 이상, 10도움 이상, 패스성공률 75% 이상	2.0
AA	출전 경기 수 30경기 이상, 5도움 이상, 패스성공률 73% 이상	1.5
A	출전 경기 수 30경기 미만, 패스성공률 70% 이상	1.0
B	출전 경기 수 25경기 이하, 패스성공률 70% 미만	0.8
C	출전 경기 수 19경기 미만	0.5

◎ 팀 기여도 조건(DF)

등급	조건	팀 기여도
AAA	출전 경기 수 30경기 이상, 패스성공률 75% 이상, 태클 55회 이상	2.0
AA	출전 경기 수 30경기 이상, 패스성공률 73% 이상, 태클 50회 이상	1.5
A	출전 경기 수 30경기 미만, 패스성공률 70% 이상, 태클 45회 이상	1.0
B	출전 경기 수 25경기 이하, 패스성공률 70% 미만, 태클 45회 미만	0.8
C	출전 경기 수 19경기 미만	0.5

24 위 표의 (a) + (b) + (c) + (d)의 값은?

① 11.25

② 11

③ 12.5

④ 12.75

⑤ 15.25

25 위 자료에 대한 설명으로 옳지 않은 것은?

① 가장 많은 연봉을 받는 선수는 A선수이다.

② 출전 경기 수가 30경기 이상인 선수들은 모두 팀 기여도를 1.5 이상 받았다.

③ 최종연봉으로 1억 원 이하를 받는 선수와 5억 원 이상을 받는 선수의 수는 동일하다.

④ FW 포지션의 득점 합계와 MF 포지션의 도움 합계의 차이는 20이다.

⑤ 득점이 가장 많은 선수는 최종연봉이 두 번째로 높다.

코레일
한국철도공사

직업기초능력평가

박문각

코레일
한국철도공사

직업기초능력평가
봉투모의고사

/

5회

제5회 직업기초능력평가
(25문항 / 30분)

[01~02] 다음 글을 읽고 이어지는 물음에 답하시오.

(가) 여기서 쿤이 말하는 패러다임은 특정 시대 과학자들이 공유하는 인식 및 지식 체계로, 패러다임이 되려면 과학자들이 범례를 이용해 정상 과학 활동을 해야 한다. 쿤은 패러다임과 실제 현상 간의 유사성을 포착해 범례로 만드는 과정을 통해 과학 발전이 이뤄진다고 보았다. 즉 과학자들은 여러 현상이 어떻게 패러다임에 부합하는지를 익히는 정상 과학 활동을 하게 되고, 이것이 과학 발전으로 이어진다는 것이다. 예를 들어 상대성 이론이 새로운 패러다임이 됐다면 그 이론이 해결한 여러 문제가 범례에 해당하고, 범례가 책에 등장하며 실험에 활용된다. 이와 같은 정상 과학 활동으로 패러다임이 확장된다.

(나) 한편 기존 패러다임에 변칙사례가 많아지고, 이에 따라 과학자들의 심리 불안이 고조되며, 변칙을 확실히 해결하는 대안이 등장하면 새로운 패러다임으로 전환되면서 과학혁명이 일어난다. 이때 새로운 패러다임은 기존 패러다임의 모든 면에서 우위에 있지 않다. 그저 기존 패러다임의 변칙사례를 효과적으로 해결할 뿐이다.

(다) 정상 과학 시기에 과학자들은 논리 실증주의자처럼 사례를 모으지도 않지만, 반증주의자처럼 반례를 찾지도 않는다. 과학자들은 이미 해답도 있고, 해답을 찾는 방법도 주어진 상태에서 과학을 한다. 실제 과학 활동에서 한 이론에 근거한 연구 결과가 의도한 대로 나오지 않는다면 그 이론을 의심하기보다 자신의 실험에서 문제점을 찾는다. 이는 포퍼의 주장에 반대되는 것으로, 실제 과학 활동에서 반증되는 것은 이론이 아니라 과학자이며, 과학자는 그 이론을 버리지 않고 수정해 나간다.

(라) 미국의 과학철학자 토머스 쿤은 포퍼의 반증주의의 문제점을 지적했다. 포퍼는 이론에서 예측이 틀리면 그 이론을 철회하는 반증 가능성이 과학의 특성이라고 말했다. 그러나 실제 과학에서는 기존의 이론을 뒤집는 실험 결과가 있다고 해도 그 이론을 바로 폐기하지는 않는다. 쿤은 이에 대해 관찰과 추론을 통한 실험이 객관적인 것처럼 보여도 모든 시대와 분야를 관통하는 중립성이란 존재할 수 없으며, 우리의 사고는 한정된 패러다임 안에서만 가능하다고 주장했다.

01 다음 글에서 추론할 수 없는 것은?

① 과학혁명이 완성되면 새로운 패러다임하에서 정상 과학 활동이 이뤄진다.
② 반례가 기존 이론에 미치는 영향에 대해 포퍼와 쿤은 다른 생각을 가지고 있다.
③ 기존 패러다임에서 설명되었던 현상이 새로운 패러다임에서는 설명되지 않는 경우도 있을 것이다.
④ 시대와 분야를 아우르는 보편적인 중립성의 존재에 대해 쿤은 부정적으로 바라보고 있다.
⑤ 쿤에 의하면 새로운 패러다임으로 전환되는 과학혁명을 통해서야만 비로소 과학은 발전할 수 있다.

02 다음 글의 (가)~(마)를 문맥이 자연스럽게 연결되도록 알맞게 배열한 것은?

① (가) - (다) - (라) - (나)
② (다) - (나) - (가) - (라)
③ (라) - (가) - (다) - (나)
④ (가) - (라) - (나) - (다)
⑤ (나) - (다) - (라) - (가)

[03~04] 다음 글을 읽고 이어지는 물음에 답하시오.

중국은 원칙적으로 '한일 기본조약' 체결을 미국의 세계질서 구도하에서 나타난 현상으로 인식한다. 또한 미국의 의지가 개입된 일본 군국주의의 부활로 받아들이고 있다. 특히 중국은 기본적으로 일본에 대한 미국의 적극적인 지원이 바로 일본 군국주의를 부활시키고 있다는 시각을 오래 전부터 가지고 있었다. 따라서 중국은 이러한 미국의 음모를 타개하기 위하여 일본 공산당, 남조선 인민, 일본의 진보주의자들, 아시아인들이 연대하여야 한다고 일관되게 강조하고 있다. 이러한 연장선 위에서 '한일 기본조약'에 대한 반대는 곧 일본 군국주의 부활에 대한 반대이고, 미국의 베트남과 아시아 침략에 대한 반대로 간주되었다. 즉 중국은 기본적으로 '한일 기본조약'을 한국과 일본의 문제가 아니라 미국 제국주의의 산물로 여긴다는 것이다.

비슷한 맥락에서, 중국은 '한일 기본조약' 체결을 아시아인에 대한 침략과 도전으로 인식한다. 미국이 한국과 일본을 이용하여 중국을 포위하는, 즉 아시아로 아시아를 치는 이이제이 전략을 추진한다고 보는 것이다. 한편 이는 종국적으로 미국의 중국에 대한 침략 준비의 일환이 아닌가 하는 의구심을 갖고 있었다. 따라서 한일수교는 양국간 교섭과는 관계 없이, 중국이 아닌 아시아 차원으로 전선을 확대하는 효과를 노리는 것으로 이해한다는 점이다. 이처럼 중국은 '한일 기본조약'을 베트남 전쟁 참전 등 일련의 사건들과 엮어 미국의 아시아 이이제이 전략의 결과로 해석하고, 이를 아시아의 보편적 인식으로 확산시키고자 하는 의도를 가졌다.

중국의 인식에 따르면, 미국은 전후 한국과 일본 점령을 통해서 서방의 정치제도를 이식시키고, 한국과 일본을 자본주의 진영으로 묶어서 공산주의에 대항하게끔 한 것이다. 그 결과 미국은 한국과 일본에 안보 차원의 자원을 제공해주고 안전보장을 도모하게 했다. 또한 자유와 민주라는 이름으로 일치된 가치를 이식하여 한국과 미국, 일본이 삼각 동맹체제로 진화하도록 하였다. 한편 이들은 중국을 포위하여 미국이 견제하기 쉽게 한다. '한일 기본조약' 역시 같은 의도로 미국이 만들어낸 결과이다. 이처럼 이들 동아시아 국가에 대한 미국의 행동이 모두 전략적으로 계산된 결과라는 것이다.

이처럼 중국은 한일수교에 대해 '[   ]'라는 시각을 가지고 있다.

03 다음 글의 빈칸에 들어가기에 가장 적절한 것은?

① 오직 중국만을 포위하기 위한 미국의 전략이다.
② 당사국 간 진정한 교섭에 따른 협정 체결이 아니었다.
③ 한국과 일본의 의사에 반하는 협정 체결이다.
④ 공산주의에 대항하기 위한 전략이다.
⑤ 일본 군국주의 부활의 신호탄이다.

04 윗글에 대한 설명으로 옳지 않은 것은?

① 미국은 동아시아 국가에서 중국을 견제하기 위해 삼각 동맹체제를 맺었다.
② 중국은 미국에 의한 일본 군국주의 부활을 막기 위해 일본 공산당, 남조선 인민 등이 연대해야 한다고 주장했다.
③ 중국은 미국이 '한일 기본조약'을 통해 이이제이 전략을 추진한다고 보았다.
④ 중국은 '한일 기본조약'을 일본 제국주의의 산물이라고 여겼다.
⑤ 중국은 미국이 아시아 차원으로 전선을 확대하기 위해 한일수교를 이용했다고 보았다.

[05~06] 다음 글을 읽고 이어지는 물음에 답하시오.

자본주의는 가진 자와 가지지 못한 자의 경제적 격차를 더욱 크게 벌리는 결과를 가져왔다. 자본주의가 표면적으로는 누구에게나 더 나은 삶을 위한 기회를 제공하고 있으나, 그 기회 자체가 가진 자들에게 집중되어 있음은 부정하기 어려운 현실이다. 자본이 단순히 돈의 가치를 넘어서 현대 사회에서 권력으로 치부된다는 점에서 부의 ___㉠___ 는 곧 권력의 쏠림 현상을 의미하기도 한다. 이렇듯 이미 기회를 선점한 몇몇 재력가들이 세계 경제를 쥐락펴락할 만한 규모의 막대한 재산을 통해 자신들의 세력을 확장하는 것은 자본주의 사회가 안고 있는 대표적 병폐이다.

자본주의 체제의 도입 이후 대다수의 사람들과 많은 정책가들이 이미 이에 대한 문제점을 인식하고 상황을 개선하기 위해 노력하고 있지만, 자본주의로 인해 파생되어 도처에 ___㉡___ 한 문제들을 해결해 나가는 것은 결코 쉬운 일이 아니다. 지금껏 이로 인해 발생한 문제를 해결하기 위해 다양한 정책적 시도가 있었으나, 안타깝게도 인류는 지금까지 실제적 효과를 기대할 만한 해결책을 찾지 못하고 있다.

일부 정책가들에 의해 자본주의의 단점을 상쇄하기 위해 공리주의나 공산주의 등 사회 차원에서의 부의 재분배를 목적으로 하는 이론들과 자본주의를 결합하여 시행하여야 한다는 주장이 나오기도 했다. 그 내용적인 측면으로 보았을 때 자본주의와 공산주의는 목표로 하는 바가 가장 반대되는 개념이므로 상반된 이념과 사상의 ___㉢___ 로 인한 사회적 혼란이 야기될 수 있다는 도입 초창기의 반대 의견이 있었으나, 이러한 우려와는 달리 공리적 자본주의의 실현은 자본주의의 기본 성격을 잃지 않는 범위에서 인간의 기본권 영위라는 마지노선의 영역을 지켜줄 수 있는 대안적 성격의 자본주의로 인정받고 있다.

자본주의 사회에서는 얼마나 많은 부를 축적했는지가 한 인간의 가치를 증명하는 수치로 여겨지기도 한다. 이러한 물질만능주의적 사회 분위기는 개별적인 인간보다 물질적 가치를 더욱 숭배하는 사회적 풍조를 낳았다. 진정한 의미의 인간적 자본주의를 이룩하기 위해서는 인간적 가치를 소외시키고 돈을 최상의 가치로 추켜올려 인간 스스로가 인간의 존엄성을 간과했던 초기 자본주의 병폐의 ___㉣___ 를 청산해야 한다.

05 다음 글의 빈칸 ㉠~㉣에 들어갈 단어가 바르게 짝지어진 것을 고르면?

	㉠	㉡	㉢	㉣
①	편재(偏在)	산재(散在)	혼재(混在)	잔재(殘滓)
②	편재(偏在)	산재(散在)	잔재(殘滓)	혼재(混在)
③	잔재(殘滓)	편재(偏在)	혼재(混在)	산재(散在)
④	잔재(殘滓)	혼재(混在)	편재(偏在)	산재(散在)
⑤	산재(散在)	혼재(混在)	편재(偏在)	잔재(殘滓)

06 윗글에 대한 설명으로 옳은 것은?
① 물질만능주의적 사회 분위기는 부의 축적을 통해 인간의 존엄성을 높였다.
② 정책가들은 자본주의에 공리주의나 공산주의를 결합해야 한다고 주장하였다.
③ 자본주의는 더 나은 삶을 위해 가진 자와 가지지 못한 자에게 평등하게 기회를 제공하였다.
④ 자본주의 체제 도입 이후 정책가들의 문제점 인식과 다양한 정책 시도로 상황을 개선하였다.
⑤ 공리적 자본주의는 사회적 혼란을 야기할 수 있어 대안적 성격의 자본주의로 인정받지 못했다.

[07~08] 다음은 코레일의 자동검측시스템 및 자율주행 점검 로봇을 활용한 점검시스템과 관련된 보도자료이다. 이를 보고 이어지는 물음에 답하시오.

(A) 한국철도공사(코레일)가 승객을 태운 영업열차에서 철도시설물을 자동으로 점검하는 검측시스템을 선보였다. 코레일은 2023년 12월 21일 경부선 천안~김천역 구간에서 달리는 열차에서 선로이상 등을 점검하는 '영업열차 자동검측시스템'을 ITX-새마을에서 처음으로 시연했다고 밝혔다. 국가 R&D 사업으로 2010년부터 추진된 이 검측시스템은 코레일과 선로·전차선 등 5개 철도 기술분야 IT기업이 공동으로 개발에 참여했다. 별도의 검측 전용장비(궤도검측차)를 운행해야 하는 제약을 벗어나 각기 다른 검측모듈을 설치한 영업열차에서 상시운행하며 시설물을 종합적으로 점검할 수 있다.

세부 점검항목은 △열차에 전기를 공급하는 전차선의 높이와 마모도 △전차선 까치집 등 이물질 △신호기 작동 △선로의 변형과 구성 부품의 상태 △열차운행에 따른 시설물 영향 △기타 안전장치의 이상 유무 등 17가지 항목이다. 검측시스템이 탐지한 정보는 인공지능(AI)을 활용한 시스템에 의해 이상 유무를 판단하고 즉시 유지보수 관리자에게 '위치' 등의 정보와 함께 이를 통보해 실시간 열차운행 안전을 확보할 것으로 기대된다. 코레일은 2024년 1월부터 유지보수 관리자에게 통보하는 시스템을 추가로 설치해 실제 운행하는 영업열차 1대에서 정기적으로 자동검측을 진행할 계획이다.

코레일은 상태기반 유지보수(CBM)인 이번 시스템을 더욱 확대해 철도 유지보수 체계의 과학화와 디지털화에 앞장선다는 계획을 밝혔다.

(B) 한국철도공사(코레일)가 2023년 12월 4일 오후 인공지능을 활용한 '철도시설물 자율주행 점검 로봇'을 개발해 대전 시설장비사무소에서 시연회를 열었다. '철도시설물 자율주행 점검 로봇'은 LTE 통신망, 카메라와 라이다(Lidar) 센서를 장착하고 지정한 장소까지 자율주행으로 선로를 이동한다. 열차운행에 방해되는 지장물을 발견하면 영상과 알람을 작업자에게 실시간 전송하는 시스템이다. 코레일은 태풍, 호우 등으로 열차 운행이 어렵거나 작업자 접근이 위험한 장소에서 선로 상태를 미리 확인하기 위해 투입할 예정이다. 자율주행 점검 로봇은 신속하고 안전한 점검이 가능해 철도사고 예방과 작업능률을 향상시킬 것으로 기대한다. 코레일은 2023년 말까지 철도시설물 자율주행 점검 로봇의 시험운영을 마치고 2024년 상반기 상용화에 나설 계획이다.

07 위 보도자료의 내용과 일치하지 않는 것은?

① 영업열차 자동검측시스템은 5개 철도 기술분야 IT기업들이 공동으로 개발했다.
② 2024년 1월부터 실제 운행하는 열차에서 시설물의 이상 유무를 즉시 유지보수 관리자에게 알리는 자동검측이 진행된다.
③ 영업열차 자동검측시스템은 2010년부터 추진되어 왔으며, 2023년 12월 처음 시연됐다.
④ 철도시설물 자율주행 점검 로봇은 2023년 처음 시연됐으며, 2024년에 상용화할 계획이다.
⑤ 철도시설물 자율주행 점검 로봇은 사람이 접근하기 위험한 상황에서 선로의 상태를 확인할 수 있어, 작업능률을 향상시킬 수 있을 것으로 기대된다.

08 위 (A), (B) 보도자료의 공통된 제목으로 가장 적절한 것은?

① 코레일, 2024년부터 인공지능으로 선로 유지보수한다
② 코레일, 영업열차 자동검측시스템 선보여
③ 인공지능으로 선로이상 등 17가지 점검을 한번에
④ 철도시설물 자율주행 점검 로봇으로 선로 유지보수 과학화
⑤ 코레일, '디지털 혁신'으로 철도안전 지킨다

[09 ~ 10] 다음은 2023년 코레일의 재무상태를 나타낸 자료이다. 이를 보고 이어지는 물음에 답하시오.

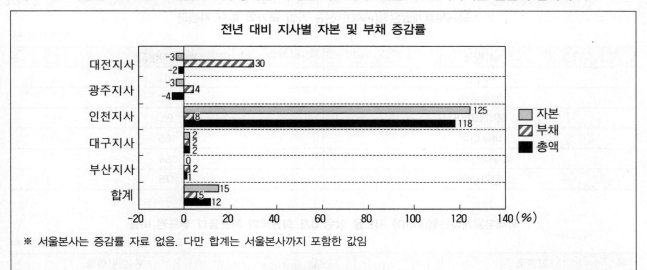

전년 대비 지사별 자본 및 부채 증감률

※ 서울본사는 증감률 자료 없음. 다만 합계는 서울본사까지 포함한 값임

2023년 코레일 재무상태

(단위 : 10억 원)

행정 구역별	부채(C=A+B)			자본(I=D+E+F+G+H)				
	소계 (C)	유동부채 (A)	비유동부채 (B)	자본금 (D)	자본잉여금 (E)	이익잉여금 (F)	자본조정 (G)	기타포괄손익 누계액(H)
	소계	소계	소계	소계	소계	소계	소계	소계
합계	6,197	1,488	4,709	36,766	−511	−18,387	2,179	2,832
부산지사	920	174	746	4,940	−1,491	0	0	0
대구지사	448	203	245	6,317	306	−2,295	0	0
인천지사	163	48	115	2,137	674	−1,204	2,179	0
광주지사	31	5	26	1,760	0	−507	0	0
대전지사	29	7	22	2,085	0	−551	0	0
서울본사	4,605	1,051	3,554	19,527	0	−13,829	0	2,832

09 자본과 부채를 합한 것을 총액이라고 할 때, 2023년도 총액이 가장 큰 곳과 가장 작은 곳을 각각 고르면?

① 서울, 광주
② 대구, 광주
③ 대구, 부산
④ 서울, 대구
⑤ 부산, 광주

10 위 자료를 통해 알 수 있는 내용이 아닌 것은?

① 자본잉여금이 가장 큰 값을 가지는 곳은 인천지사이다.
② 2023년도 부채의 절반 이상을 서울본사가 차지한다.
③ 서울본사를 제외하고 전년 대비 부채율이 가장 많이 증가한 곳은 인천지사이다.
④ 코레일 전체의 총액은 전년 대비 증가하였다.
⑤ 2022년도 인천지사 자본액은 3조 원이 넘을 것이다.

[11~12] 다음 자료를 보고 이어지는 물음에 답하시오.

국제부흥개발은행(IBRD) 신규 가입 국가의 출자 자본금

(단위: 억 원)

회원국	출자 자본금
세네갈	211
벨라루스	122
에티오피아	95
바누아투	165
파푸아뉴기니	156
탄자니아	175

국제부흥개발은행(IBRD) 지분율 상위 8개 회원국의 지분율과 투표권 비율

(단위: %)

회원국	지분율	투표권 비율
한국	3.81	3.50
인도	8.52	7.51
중국	30.34	26.06
러시아	6.66	5.93
독일	4.57	4.15
호주	3.6	3.46
프랑스	3.44	3.19
인도네시아	3.42	3.17

※ 회원국의 지분율(%) $= \dfrac{\text{해당 회원국이 IBRD에 출자한 자본금}}{\text{IBRD의 자본금 총액}} \times 100$

※ 지분율과 투표권 비율은 비례하고, IBRD의 자본금 총액은 1조 원이다.

11 국제부흥개발은행(IBRD) 신규 가입 국가의 출자 자본금을 바탕으로 지분율을 구했을 때 지분율이 가장 큰 국가와, 그 지분율을 순서대로 바르게 나열한 것은?

① 세네갈, 0.21%
② 세네갈, 2.11%
③ 에티오피아, 0.95%
④ 탄자니아, 1.75%
⑤ 탄자니아, 2.11%

12 위 자료에 대한 설명으로 옳은 것은?

① 한국과 독일의 지분율 차이는 0.7%p 이상이다.
② 러시아가 자본금을 186억 원 더 출자한다면 지분율은 인도의 지분율보다 높아질 것이다.
③ 지분율 상위 3개 회원국의 투표권 비율을 합하면 40% 이상이다.
④ 프랑스의 투표권 비율은 인도네시아와 0.2%p 차이 난다.
⑤ 한국은 IBRD 지분율 5위로 6위인 호주와 약 2억 원의 출자 자본금 차이가 난다.

[13~14] 다음은 우리나라의 연도별 스마트폰 보유 현황이다. 이를 보고 이어지는 물음에 답하시오.

우리나라의 연도별 스마트폰 보유 현황

(단위 : 만 대)

구분		2016년	2017년	2018년	2019년	2020년	2021년	2022년	2023년
국내	플래그십형	480	485	540	467	469	452	(A)	467
	보급형	972	842	826	823	854	835	(B)	1,080
국외	플래그십형	1,323	1,223	723	721	720	720	675	630
	보급형	718	642	524	468	401	403	338	286

13 위 자료를 보고 〈보기〉에서 옳은 것만을 모두 고르면?

┌ 보기 ┐
ㄱ 국외의 플래그십형과 보급형 스마트폰 모두 매년 보유 대수가 감소하고 있다.
ㄴ 2018년 국내 보급형 스마트폰 보유 대수는 전년 대비 1.5% 이상 감소하였다.
ㄷ 2023년 국내 보급형 스마트폰 보유 대수는 국외 보급형 스마트폰의 4배 이상이다.
ㄹ 2020년 대비 2024년 보급형 스마트폰 보유 대수가 국내는 50% 감소하고, 국외는 20% 증가한다면 국외 보급형 스마트폰 보유 대수가 국내 보급형 스마트폰 보유 대수보다 많다.
└─────┘

① ㄱ, ㄴ
② ㄱ, ㄷ
③ ㄴ, ㄷ
④ ㄴ, ㄹ
⑤ ㄷ, ㄹ

14 2023년 전체 스마트폰 중 국내 스마트폰이 차지하는 비율은 전년 대비 4.2%p 상승했고 2022년 국내 스마트폰의 플래그십형과 보급형의 대수의 비가 1 : 2라고 한다. 2022년 국내 스마트폰 중 보급형 스마트폰 보유대수는? (단, 비율은 소수점 둘째 자리에서, 스마트폰 대수는 소수점 첫째 자리에서 반올림한다.)

① 9,560,000대
② 10,020,000대
③ 10,420,000대
④ 11,560,000대
⑤ 12,520,000대

[15~16] 다음은 연령대별, 성별, 지역별 비타민 D 결핍증 의사 진단율에 대한 자료이다. 이를 보고 이어지는 물음에 답하시오.

연령대별 · 성별 비타민 D 결핍증 의사 진단율

(단위 : 명, %)

구분		분석 대상자 수	진단율
전체	소계	60,040	24.6
연령대별	20대 이하	9,847	20.0
	30대	10,092	23.8
	40대	10,290	24.9
	50대 이상	9,260	25.9
성별	여성	30,229	23.0
	남성	29,811	26.1

12개 지역별 비타민 D 결핍증 의사 진단율

(단위 : 명, %)

구분	분석 대상자 수	진단율
서울	8,771	25.6
부산	2,441	24.7
㉠	3,818	22.0
인천	3,066	23.7
㉡	3,398	23.4
울산	1,943	23.1
세종	944	26.8
경기	12,798	25.7
㉢	2,273	23.9
대전	2,367	24.3
전북	2,485	25.3
㉣	2,262	23.5

15 위 자료에 대한 설명으로 옳지 않은 것은?

① 비타민 D 결핍증 분석 대상자 수가 가장 많은 지역과 가장 적은 지역의 진단율의 차이는 1‰p 이상이다.
② 대전과 전북지역의 비타민 D 결핍증으로 진단을 받은 인원수의 차이는 60명 미만이다.
③ 40대 이하에서 비타민 D 결핍증으로 진단을 받은 인원수가 가장 많은 연령대는 30대이다.
④ 여성과 남성이 비타민 D 결핍증으로 진단을 받은 인원수의 합은 15,000명 미만이다.
⑤ 부산지역보다 비타민 D 결핍증 진단율이 높은 지역은 총 4개이다.

16 다음 〈조건〉을 보고 ㉠~㉣에 해당하는 지역이 바르게 짝지어진 것은?

┌─ 조건 ┐
- 비타민 D 결핍증 분석 대상자 수가 경기지역의 25% 미만인 지역은 부산, 대전, 전북, 인천, 울산, 충북, 강원, 세종이다.
- 비타민 D 결핍증으로 진단을 받은 인원수가 전북보다 많은 지역은 서울, 인천, 광주, 경기, 대구이다.
- 진단율이 울산지역과 0.5%p 이하로 차이가 나는 지역은 강원, 대구이다.

	㉠	㉡	㉢	㉣
①	대구	광주	충북	강원
②	대구	광주	강원	충북
③	대구	강원	광주	충북
④	광주	강원	충북	대구
⑤	광주	대구	충북	강원

[17~18] 다음은 승관이가 회사 회식을 위해 조사한 맛집 정보와 평가 기준이다. 이를 보고 이어지는 물음에 답하시오.

맛집 정보

음식점 \ 평가 항목	음식 종류	이동거리	가격 (1인 기준)	맛 평점 (★ 5개 만점)	룸 예약 가능 여부
천안문	중식	150m	7,500원	★★☆	○
부오나 세라	양식	170m	8,000원	★★★	○
창경궁	한식	80m	10,000원	★★★★	×
아사쿠사	일식	350m	9,000원	★★★★☆	×
창덕궁	한식	300m	12,000원	★★★★★	×

※ ☆은 ★의 반 개다.

평가 기준

- 평가 항목 중 이동거리, 가격, 맛 평점에 대하여 각 항목별로 5, 4, 3, 2, 1점을 각각의 음식점에 하나씩 부여한다.
  - 이동거리가 짧은 음식점일수록 높은 점수를 준다.
  - 가격이 낮은 음식점일수록 높은 점수를 준다.
  - 맛 평점이 높은 음식점일수록 높은 점수를 준다.
- 평가 항목 중 음식 종류에 대하여 한식 5점, 양식 4점, 일식 3점, 중식 2점을 부여한다.
- 룸 예약이 가능한 경우 가점 1점을 부여한다.
- 총점은 음식 종류, 이동거리, 가격, 맛 평점의 4가지 평가항목에서 부여 받은 점수와 가점을 합산하여 산출한다.

17 위 자료를 참고하여 총점이 가장 높은 음식점에서 회식을 하기로 했을 때, 승관이가 고를 회식 장소는 어디인가?

① 천안문   ② 부오나 세라
③ 창경궁   ④ 아사쿠사
⑤ 창덕궁

18 승관이는 위의 항목별 평가기준을 다음과 같이 바꾸기로 했다. 총점이 가장 높은 음식점에서 회식을 하기로 했을 때, 승관이가 고를 회식 장소는 어디인가?

- 평가 항목 중 이동거리, 가격, 맛 평점에 대하여 각 항목별로 10, 8, 6, 4, 2점을 각각의 음식점에 하나씩 부여한다.
  - 이동거리가 짧은 음식점일수록 높은 점수를 준다.
  - 가격이 낮은 음식점일수록 높은 점수를 준다.
  - 맛 평점이 높은 음식점일수록 높은 점수를 준다.
- 평가 항목 중 음식 종류에 대하여 양식 10점, 일식 8점, 한식 6점, 중식 4점을 부여한다.
- 룸 예약이 가능한 경우 가점 2점을 부여한다.
- 총점은 음식 종류, 이동거리, 가격, 맛 평점의 4가지 평가항목에서 부여 받은 점수와 가점을 합산하여 산출한다.

① 천안문   ② 부오나 세라
③ 창경궁   ④ 아사쿠사
⑤ 창덕궁

[19~20] K태권도학원은 원생들의 체력증진과 친목도모를 위해 도내 실내 체육관 중 한 곳에서 체육대회를 개최하기로 하였다. 다음 체육대회 계획안과 체육관 현황을 보고 이어지는 물음에 답하시오.

○ **체육대회 계획(가안)**
• 일시 : 2021년 10월 16일 09:00
• 장소 : 미정
• 참가 인원 : 32명
• 종목 : 축구, 농구, 배구, 탁구, 배드민턴, 족구 중 선택 예정

○ **대관 가능 체육관 현황**

체육관	대관료	경기가능 종목	수용 인원	학원과의 거리	주차 가능 구역
A	60만 원	축구, 농구, 배구, 배드민턴	30명	12km	6면
B	20만 원	배구, 탁구, 배드민턴	25명	10km	5면
C	50만 원	축구, 농구, 배구, 탁구, 배드민턴	42명	13km	7면
D	50만 원	농구, 탁구, 배드민턴, 족구	50명	7km	8면
E	35만 원	축구, 농구, 배구, 족구	27명	6km	5면
F	45만 원	농구, 탁구, 배드민턴, 족구	35명	5km	4면
G	65만 원	축구, 농구, 배구, 배드민턴, 족구	48명	18km	7면
H	55만 원	축구, 농구, 탁구, 배드민턴	37명	15km	6면
I	70만 원	축구, 농구, 배구, 탁구, 배드민턴	29명	9km	5면

19 K태권도학원은 체육대회에서 최소 4개의 종목을 진행하고, 가급적 태권도학원과 가까운 거리에 있는 체육관을 대관하려고 한다. 이 조건을 충족하는 3개의 체육관을 후보로 선정할 때, 대관 후보가 되는 체육관은 어디인가?

① A, B, F
② B, E, H
③ B, F, I
④ C, D, E
⑤ C, D, F

20 K태권도학원은 체육대회 당일에 차를 렌트해 체육관으로 이동할 계획이다. 체육관과의 거리에 관계없이 최소 4개의 종목을 진행할 수 있고 주차공간이 충분한 체육관을 대관하려고 한다면 어느 체육관을 예약해야 하는가? (단, 6명까지 같은 차를 탈 수 있으며, 조건이 같을 경우 경기가능 종목이 많은 곳, 경기가능 종목 수가 같으면 대관료가 저렴한 곳을 예약한다.)

① C
② D
③ G
④ H
⑤ I

[21~22] 다음은 코레일에서 제공하는 공항 부지 개발 사업 공사 및 운영에 대한 입찰공고이다. 이를 보고 이어지는 물음에 답하시오.

입찰공고

1. 세부사항

　가. 입찰건명

　　공항 주변 부지 개발 사업 공사 및 운영

　나. 계약기간

　　계약체결일부터 완공 후 최대 25년까지

　다. 입찰방법

　　계량평가와 미계량평가(상세한 평가기준은 아래 참고)

2. 평가기준

평가 총점은 300점 만점으로 하여 우선협상 대상자를 선정하고, 사업계획서 평가로 평가지표 및 배점을 다음과 같이 구성한다.

소계	신용등급	사업실적	가격평가
300(점)	100	50	150

3. 평가항목

　가. 신용등급

　　인천국제공항은 신용등급을 평가하고, 그 외의 공항은 신용등급과 자본총계 중 유리한 것을 득점으로 인정하여 평가한다.

신용등급	자본총계	득점
A+	10,000억 원 이상	100
A	3,000 ~ 10,000억 원 미만	95
A-	1,000 ~ 3,000억 원 미만	90
B+	500 ~ 1,000억 원 미만	85
B	500억 원 미만	80

　나. 사업실적

　　(제출한 사업실적 연면적 / 개발사업 연면적) × 50점

　　※ 단, 업체의 사업실적 연면적이 개발사업 연면적을 초과하더라도 사업실적 점수는 50점을 넘지 않는다.

　다. 가격평가

　　• 자산개발수익금 납부 비율 점수(100점 만점) + 사업운영기간 점수(50점 만점)

　　• 사업운영기간은 최대 25년으로, 점수로 반영할 때는 {운영기간 × 2}를 한다.

　　• 자산개발수익금 납부 비율별 점수는 아래 표와 같이 반영한다.

비율(%)	10 이상	8 이상 10 미만	6 이상 8 미만	5 이상 6 미만	5 미만
점수(점)	100	95	90	85	80

---

21 코레일이 연면적 50,000m²의 인천국제공항 인근 부지 개발을 위해 위와 같은 공고를 냈더니 갑~무 5개의 업체가 지원하였다. 업체 정보가 다음과 같을 때, 우선협상 대상자가 될 수 있는 업체는?

업체 정보

업체	신용등급	자본총계(억 원)	사업실적(m²)	수익금 납부 비율(%)	사업운영기간(년)
갑	A+	2,500	10,000	9	25
을	A	10,000	20,000	7	10
병	A−	3,500	20,000	10	20
정	B+	5,000	30,000	8	15
무	B	900	15,000	9	25

① 갑　　　　② 을
③ 병　　　　④ 정
⑤ 무

22 코레일은 연면적 40,000m²의 김해국제공항 부지 개발을 위해 동일한 공고를 냈다. 그런데 사업실적 평가비율을 높이라는 경영진의 요구가 있어 자산개발수익금 납부비율 점수의 만점을 50점으로 줄이고, 사업실적 점수의 만점을 100점으로 늘렸다. 위 문제의 갑~무를 대상으로 업체를 선정할 때, 우선협상 대상자로 선정되는 업체는?

① 갑　　　　② 을
③ 병　　　　④ 정
⑤ 무

[23~24] 다음은 2023년 코레일에 새로 입사한 신입사원 5명(A, B, C, D, E)의 3개월간 근무평가 내용이다. 이를 보고 이어지는 물음에 답하시오.

신입사원 근무평가 방식

- 신입사원 근무평가 항목은 크게 태도(30%), 업무능력(35%), 업적(35%)으로 나누어 진행한다.
- 세부 항목에 대한 평가 점수는 5점 만점으로 1~5점으로 평가한다.
- 평가 항목별 세부 항목 평가 점수의 총합에 각 평가 항목별 반영 비율을 곱한 점수의 총합이 가장 높은 3명의 신입사원은 본사에 우선 배치한다.
- 최종 평가 점수가 동점일 경우 업무능력 점수가 높은 사람의 최종 평가 점수에 0.1점을 가산한다.

신입사원 근무평가표

평가 항목	세부 항목	평가 내용	A	B	C	D	E
태도 (30%)	근무태도	당사 기본적인 인격을 갖추고 있는가	3	4	3	4	5
	근면성	성실하고, 근면한 자세로 업무에 임하는가	5	2	1	2	3
	책임감	맡은 일에 대해 책임감 있게 수행하고 그 결과까지 책임을 지는가	2	2	2	5	4
	협동심	동료 및 상사와 협동 관계가 긴밀한가	4	3	2	1	2
	규율	사내 규칙을 준수하였는가	3	5	5	4	3
	근태	지각, 조퇴, 결근 등이 없었는가	4	5	4	3	4
업무능력 (35%)	지속성	어떤 업무라도 끈기 있게 했는가	2	4	4	3	4
	능률	지시받은 업무를 신속하고 정확하게 처리하였는가	4	3	3	5	3
	업무 지식	직무 수행에 필요한 지식이 충분한가	4	2	5	3	2
	실천력	지시받은 업무나 계획한 업무를 기한에 맞춰 끝까지 추진하는가	3	1	2	1	5
업적 (35%)	업무 결과	타 사원과 비교해서 업무 결과가 좋은가 주어진 업무 방향에 맞게 업무를 하였는가	2	5	3	2	2
	업무 달성도	주어진 업무의 달성 여부 기한 내에 달성 여부	3	2	1	5	3
	피드백 반영 능력	달성한 업무에 대해 피드백을 주었을 때 충분히 반영을 하는가 피드백에 대한 이해도가 높은가	1	2	4	4	4

23 위 신입사원 근무평가표를 바탕으로 할 때, 본사에 우선 배치되는 3명은 누구인가?

① A, C, D
② A, D, E
③ B, C, D
④ B, C, E
⑤ C, D, E

24 신입사원 근무평가 방식이 다음과 같이 변경되었고 근무평가표 내용은 동일하다고 할 때, 본사에 우선 배치되는 2명은 누구인가?

신입사원 근무평가 방식

• 기존 신입사원 근무평가 항목에서 태도 항목은 삭제하고, 업무능력(60%), 업적(40%)으로 나누어 평가를 진행한다.
• 세부 항목에 대한 평가 점수는 5점 만점으로 1~5점으로 평가한다.
• 평가 항목별 세부 항목 평가 점수의 총합에 각 평가 항목별 반영 비율을 곱한 점수의 총합이 가장 높은 2명의 신입사원을 본사에 우선 배치시킨다.
• 최종 평가 점수가 동점일 경우 업적 점수가 높은 사람의 최종 평가 점수에 0.1점을 가산한다.

---

① A, C   ② B, D
③ C, D   ④ C, E
⑤ D, E

25 ○○커피점은 아르바이트 모집공고를 통해 아르바이트생을 채용하였다. 채용 후 한 달 뒤, 오전 8시에서 오후 4시 사이에 일했던 최승철이 그만두어 그 시간대에 일할 수 있는 두 명을 다시 채용하려고 한다. 한 달 전 지원자 중 미채용되었던 인원들에게 연락한다고 할 때, 점장이 먼저 연락하게 될 지원자들로 묶인 것은?

아르바이트 모집공고

- 채용인원 : ○명
- 시급 : 9,560원
- 근무시작 : 8월 9일
- 근무요일 : 월~금 매일(면접 시 협의)
- 근무조건 : 08:00~12:00 / 12:00~16:00 / 16:00~20:00 중 4시간 이상(면접 시 협의)
- 우대조건 : 동종업계 경력자, 바리스타 자격증 보유자, 6개월 이상 근무 가능자

※ 지원자들은 이메일(lovecoffee@coffee.com)로 이력서를 보내주시기 바랍니다.
※ 희망 근무요일과 희망 근무시간대를 이력서에 반드시 기입해 주시기 바랍니다.

지원자 명단

이름	희망 근무요일	희망 근무시간	우대조건
최승철	월, 화, 수, 목, 금	08:00~16:00	-
윤정한	화, 목	08:00~20:00	-
홍지수	월, 수, 금	08:00~16:00	6개월 이상 근무 가능
권순영	월, 화, 수, 목, 금	16:00~20:00	타사 카페 6개월 경력
전원우	화, 목	16:00~20:00	바리스타 자격증 보유
이지훈	월, 수, 금	08:00~16:00	-
이민석	월, 화, 수, 목, 금	12:00~20:00	-
김민규	월, 화, 수, 목, 금	16:00~20:00	-

① 전원우, 윤정한　　　　　② 윤정한, 홍지수
③ 윤정한, 이지훈　　　　　④ 홍지수, 전원우
⑤ 이지훈, 이민석

코레일
한국철도공사
직업기초능력평가

박문각